倒せ独裁！

アウンサンスーチー政権をつくった若者たち

山本博之

梨の木舎

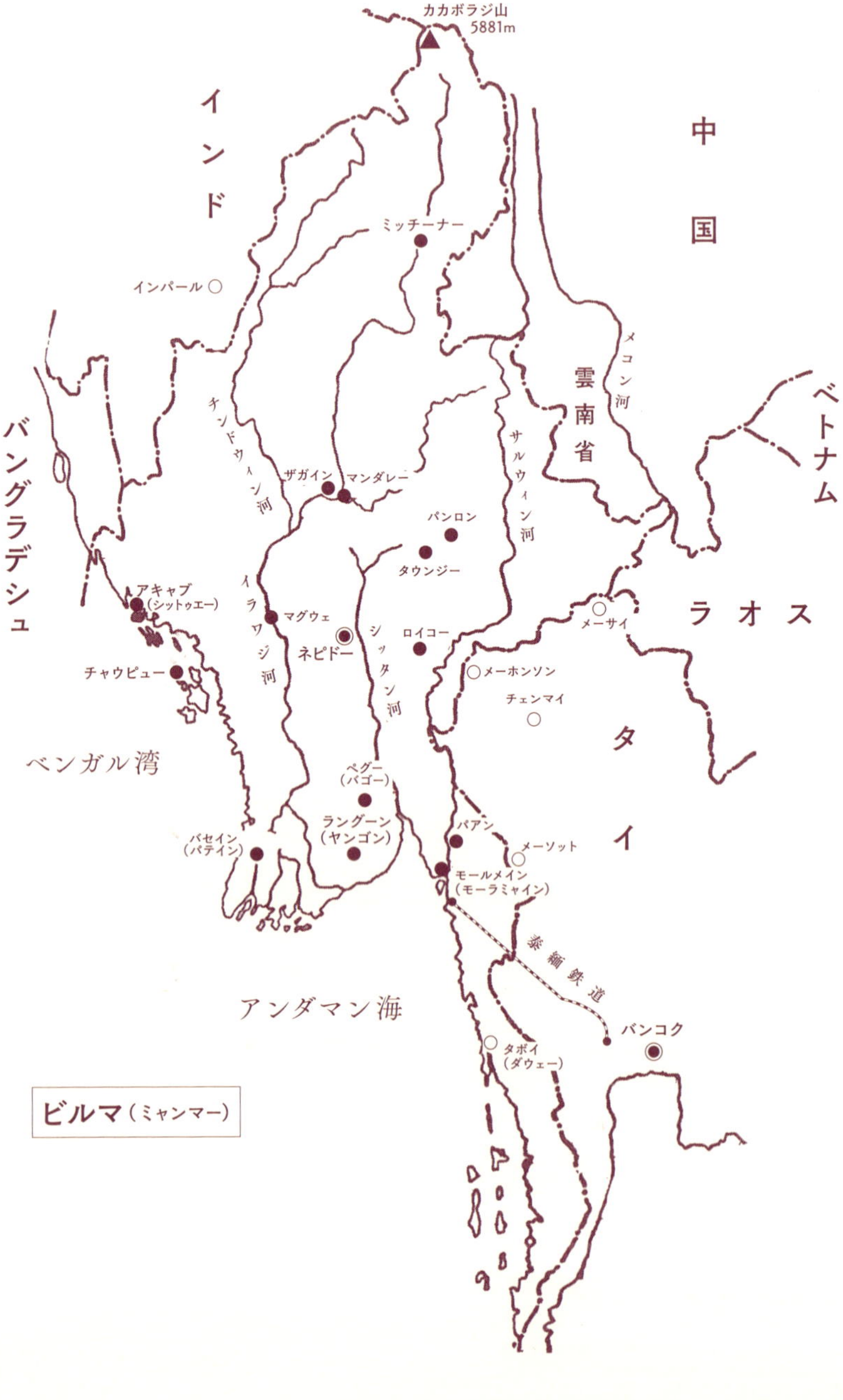
カカボラジ山
5881m
インド
中国
インパール
ミッチーナー
メコン河
雲南省
ベトナム
バングラデシュ
チンドウィン河
サルウィン河
ザガイン
マンダレー
パンロン
タウンジー
アキャブ
（シットゥエー）
イラワジ河
マグウェ
ネピドー
シッタン河
ロイコー
メーサイ
ラオス
チャウピュー
メーホンソン
チェンマイ
タイ
ベンガル湾
ペグー
（バゴー）
ラングーン
（ヤンゴン）
パアン
バセイン
（パテイン）
メーソット
モールメイン
（モーラミャイン）
泰緬鉄道
アンダマン海
バンコク
タボイ
（ダウェー）

ビルマ（ミャンマー）

日本から声明文を入手したチョウマートエ

ビルマ（ミャンマー）と川一本を隔ててタイ側にある町、メーソット。

２０１３年2月、そこで僕は、チョウマートエに会った。

彼女はビルマ人で、ビルマで民主化運動をしてビルマの刑務所に11年間入っていたというのだが、その理由が思いがけないものだった。ビルマの民主化を求める声明文を日本から送ってもらったから、というのだ。

そのころビルマでは、１９６２年から半世紀続いた独裁が終わり、民主主義がようやく産声を上げようとしていた。

独裁の半世紀の間、どんな民主化運動がそこで起きていたのかを知るのは簡単ではない。街頭でのデモや集会を除けば、逮捕を避けるためにそれはひそかに行われ、おそらくそのほんの一部しか記録に残されていないからだ。それは人の記憶にあるだけで、時が経てば失われる。チョウマートエの話は聞いておきたい。そう思った。

彼女は、２００９年9月に釈放されると、ビルマからタイに逃れ出た。そして、メーソットの町はずれにある一軒家を女性3人で借りて暮らしていた。

僕は、町中の市場近くの小さなホテルに泊まり、そこで自転車を借りた。威勢のいい野良犬の群れに吠えられながら、ペダルを踏んで15分、彼女の家を何度か訪ねて話を聞いた。

目次

序　板挟みになったジョージ・オーウェル……8
クーデター発生――独裁の始まり／「8888」デモ起きる／アウンサンスーチー登場／せめてジョークで／独裁の本質をつかんだジョージ・オーウェル／新聞は国営、雑誌は検閲／『1984年』の先へ

1　声明はひそかに配布された……33
日本から送られた声明――チョウマートエの物語／声明配って逮捕者46人？／「人には声を上げる権利がある」／獄房のトイレは丸見え／獄中で体重が36キロに落ちた

column 1◉闘うコメディアン

2　学生も教師も投獄された……55

政治囚は7000人以上／「国は作り変え可能です」／アウンサン将軍も学生活動家だった／「知性を磨け」「本を読め」とアウンサンスーチーはいった／囚人仲間から学んだ？／教室は監獄の野菜畑／英語教師の誕生／独裁と日本の援助と／チェコのハベルにもアメリカのブッシュにも会った／恩師は日本へ／プリズノミクスのおかげ／獄中でのレジ袋の使い道／日本語は暗号／演歌が獄房に響いた／亡命メディアの登場／詩人は生きる歴史書／ジャーナリスト誕生

column 2◉そんなに僕らが怖いのか

3 私たちは、獄中で世界のニュースを読んでいた……109

獄中で図書館を開設／『タイム』を読んで国連のことを学んだ／数十冊か、100冊か／私は司書だった／亡命メディア『イラワジ』の帰国／図書館は四つあった／獄中の翻訳者／ジャーナリスト、ウィンティンとの出会い／「私には口がある。話をするために口はある」／アウンサンスーチー宅での英語教室に出席／手製の辞典で1000単語を暗記／研究所設立を目指して京都大学へ

column 3◉孤高の『ビルマ民主の声』東京特派員

4 声を上げる自由を得るために闘った……147

ビルマ大使館に抗議に日参／看守を味方に／塀越しに本を投げ込め／母メーシンの中華料理店／東京五輪選手だった父ティントゥンの投獄／ラジオを聴いて獄中速報を発行／看守も学びたかった／憲法をめぐる攻防――アウンサンスーチーの抵抗／政治囚から国会議員に、大統領に／「真夜中は夜明けの先駆け」――獄中で書かれた1行／「フリーダム・オブ・プレス」「フリーダム・オブ・プレス」「フリーダム・オブ・プレス」／トイレットペーパーに針で穴を開けたノルウェーの囚人

column 4◉ビルマを迎え入れた東南アジア諸国連合

5 独裁の再来を防ぐために……181

「鎖国」に戻るか、民主化するか／「ザーガナーを自由に」――ロンドンで上がった声／教えられたことを覚えるだけだった学校／「教育を受ければ、服従しなくなります」／国民民主連盟が開校／ナチス政権を生んだ反省から――財団の役割／先人の手助け／援助する側も試されている

column 5◉上のいいなりは独裁の始まり

6　独裁を倒す方法……207

不支持、不服従／本当の歴史を知るために、昔の本を探した／愛を強いる独裁者／国民民主連盟のナンバー2、ティンウーがシンガポールへ／「戦争は終わった」と日本語で叫んだティンウー少尉／「私にはグンジンセイシンがあります」／ネウィン将軍との出会い／ティンウー解任／ジョーカンドノに誘われて／アウンサンスーチーとの出会い／長い年月が準備した国民民主連盟創設者たち／「刑務所でいい友だちができました」／1人から始まる

終わりに……250

注……254

年表……271

▼注　ビルマ政府は1989年、国外向けの英語国名をビルマからミャンマーに改めたが、独裁下での改称であり、本書では地名、都市名も含めて原則として旧呼称で表記する。初出の際に新呼称を併記する。「ウー」は男の年長者につく敬称だが、国連事務総長だったタントは、ウータントとして著名なので、そのまま表記する。

序　板挟みになったジョージ・オーウェル

ビルマ最大の都市、旧首都ラングーン（ヤンゴン）。

ラングーン川のほとりに立つストランド・ホテルは、わずか30室ほどの高級ホテルにして、ビルマ屈指の観光名所だ。

メーソットを訪ねる1か月前、2013年1月、僕は、このホテルのロビーにいた。以前、月に1度は取材でラングーンに来ては、ときどきここでビールを飲んだ。やっぱりここは、空気が違う。

このホテルは、ビルマがイギリスの植民地だった時代、1901年に建てられた。その時代にさかのぼれば、ロビーのソファには、きっと、小説『1984年』で近未来の独裁を描いたジョージ・オーウェルが、その長身を沈めていたはずである――作家になる前、オーウェルは、本名のエリック・アーサー・ブレアとして、大英帝国の若き警察官となってビルマで勤務していた。

ここを開業したのは、西アジアからインド、シンガポールにも移り住んだアルメニアの人たちだ。アルメニア人のサルキス兄弟が、シンガポールのラッフルズ・ホテルに続いて、このホテルを開いた。まだ珍しかった電灯を備え、カスピ海産キャビアを供するストランドは繁盛し、隣に別館が建てられた。[1]

オーウェルがイギリスに去った後、第二次世界大戦が始まった。今度はこの国に、東から日本軍30万人がやって来た。イギリス軍を退けて、日本軍がビルマを支配し始めた。１９４２年のことだ。米を買いつけ、鉱山を操業するために、商社や鉱業会社が日本から進出した。[2]ストランドには、帝国ホテルから支配人らが赴任した。[3]

日本は、１９３１年に満州事変を起こし、37年に日中戦争に入り、41年に第二次大戦に参戦してビルマまで占領したのだが、これほどの戦争を支える力はなかった。しわ寄せは現場が負うことになった。

ビルマの西のインドのインパールの攻略を命じられた日本軍3個師団は、何千頭もの牛を集め、その背に食糧や弾薬を載せて進んだ。牛を食糧に充てるためだ。車両も飛行機も足りず補給が期待できないから、牛を連れて行って、それも食べることにした。[4]だが、川を渡り、峠を越えて行かねばならない。旧防衛庁防衛研修所の戦史によれば、「牛は続々死亡し、積載品の大部はやむなく放置」された。[5]牛は失われ、食糧は尽き、飢えに将兵は襲われた。攻略作戦は失敗し、退却時には多くの傷病者や遺体が道筋に取り残されて、退路は「白骨街道」と呼ばれた。[6]

このインパール作戦の敗北以降、日本軍は総崩れとなって南へと追い詰められた。戦史によれば、「方面軍司令部……憲兵隊、海軍部隊、入院患者、刑務所収監者ならびに居留民等およそ戦闘能力のある在ラングーン日本人のすべて」でラングーン防衛隊が編成された。[7] 沖縄で10代の学生がひめゆり学徒隊などとして動員されていたころ、ビルマでも民間人が戦闘に引き出されていたのである。ストランドの支配人は45年の日本敗戦の直前に戦死した。[8] 日本軍将兵30万人のうち、19万人が命を失った。[9]

イギリス軍は、１万４０００人余りの死者を出したが、その46%がインド人の兵士と下士官だった。ほかに６万人が負傷、行方不明、捕虜となった。[10] アメリカが支援する中国軍も、北に攻め上がった日本軍と激戦をした。

戦場となったビルマの人々が何人犠牲になったかは定かではない。爆撃に巻き込まれ、あるいは、ビルマ独立の好機だと見て戦いに加わって命を落とした。ビルマと同じくイギリスの植民地だったインドの独立を求め、日本軍とともにインパールを目指したチャンドラ・ボースのインド国民軍[11]と同じように、ビルマ人も戦った。

この戦争のさ中に日本軍は、ビルマへの補給路とするために、タイからビルマに延びる長さ４１５キロの泰緬《たいめん》鉄道を造った。シンガポールやインドネシアで捕虜にしたイギリス、オーストラリア、オランダなどの連合国軍将兵約６万人を建設工事に動員し、そのうち１万人余りが死亡して、「死の鉄道」とその酷使が非難された鉄道である。日に1000トンが輸送できるはずだったが、そうできたのはわずかな期間で、「六百トン輸送がやっと」だったと建設に途中まで携わった元日本軍大佐が戦後の著書で推定している。[12] 雨季には土砂が崩れ、爆撃も受けた。工事には、捕虜のほか、延べ10万人余りといわれるビルマ人労働者も集められたが、ビルマ人は何人が死んだかわからない。[13]

クーデター発生――独裁の始まり

そんな歴史に立ち会ったストランド・ホテルを出て右に曲がれば、パンソダン通りに出る。ホテルと同じ時代――イギリスが3度の戦争を経て1885年にビルマ王朝を滅ぼし、大英帝国に組み込んだ時代――の建築が連なる通りである。水運会社や銀行として使われた建物が並んでいる。

通りを歩けば、アフリカの国々からインド、ビルマ、マレー半島と、広大な地域を支配した大英帝国の繁栄ぶりを目の当たりにできる。レンガ造りの時計塔がそびえ立ち、太い石柱が根を下ろし、壁はずっしりと重厚な石造りだ。まるでヨーロッパの街が引っ越して来たようである。

しかし、それを近くで見上げると、あぜんとする。素人目にも、いくつかの建物は早急に修理が必要だとわかる。南国の太陽にあぶられ、土砂降りのスコールに打たれて、ひび割れ、じっとりと黒ずんでいる。とりわけひどく傷んで見える建物に入れば、ビルマ名産のチーク材らしき木製の階段に修理の板が不細工にあててある。かつてエレベーターの一部だった鉄の支柱は、どす黒く突っ立っているだけだ。

この街に最後に来たのはいつだったか、数えてみれば17年前、1996年だ。そのころは、この通りは車で走っただけだった。のんびり歩くのは初めてだ。こんなに傷んでいるとは思わなかった。

どうしてこんなことになったのか――

1945年8月に日本が敗れて第二次大戦が終わると、ビルマは再びイギリスに統治された。2年半後の48年1月、イギリスとの交渉を経て、悲願の独立をビルマは果たす。イギリス、日本、イギリス、と外国に支配された時代に別れを告げて、議会制民主主義の国としてビルマは船出した。

だが、その喜びはつかの間のことだった。独立の3か月後にビルマ共産党が蜂起した。カレン民族をはじめ、いくつもの少数民族が自治権や独立を求めて銃を取った。内戦の始まりである。

そして、国がひっくり返った。軍のネウィン将軍がラジオでそれを通告した。独立から14年後、1962年3月2日の朝のことだった。

「状況が著しく悪化したので、国の安全を維持する責務を軍が負うことにした▼14」

政府軍がクーデターを起こしたのである。首相のヌや閣僚を軍は逮捕した。翌日、独立時に定めた、言論や集会の自由を保障した憲法を無効とし、議会を廃止した——権力を縛るものはなくなった。

独裁が始まった。

「8888」デモ起きる

そのころ世界は、資本主義のアメリカと共産主義のソビエト連邦、それに中国が角突き合わす東西冷戦の時代にあった。ベトナムでは冷戦が戦火となって噴き出した。ビルマで軍が政治権力を握った年、1962年10月にはキューバ危機が起きて、アメリカとソ連が直接衝突しそうになった。第3代国連事務総長、ビルマ人のウータントも危機回避に動いた。その前年の61年には、韓国で朴正熙将軍がクーデターを起こして権力を握っていた。日本は経済大国への道をひた走っていた。

ビルマの将軍たちは、独自の「ビルマ式社会主義」を目指すと宣言した。搾取のない、正義に基づく社会主義経済を作り上げる、というのだった。

人が人を食いものにする搾取がない国。人類の理想である。

それから将軍たちは、ビルマ社会主義計画党を作って党の幹部におさまって、閣僚にもなった。他の政党には解散を命じた。

崇高な目標を掲げて、将軍らの独裁政府は、企業や銀行、新聞社、私立学校まで次々に国有化した。この国有化は、インド系や中国系などの外国企業の進出を抑え、経済をビルマ人が支配する体制を固めるためでもあったといわれる。

それでどうなったか。

貿易省職員を父に持ち、後にアメリカに渡った元国営新聞記者らが『ノー・タイム・フォー・ドリームズ（夢見る時はなかった）』に、そのころのビルマを描いている。

「専門知識のない軍人の上司が、プロとして鍛えられた人々に的外れの指示を出し、それを強いるだろうことが、私の父にはわかっていた。貿易大臣といく度も議論したんだ、と父は私たちに語った」▼15

そのうえ独裁政府は、外国からの援助や外国人の入国を制限した。東西冷戦の時代にあって、そこから中立を保とうとするのは独立直後からだったが、独裁政府は一時は鎖国状態といわれるほど門戸を狭めた。その「鎖国」での暮らしも元国営新聞記者たちは書いている。

「私たちには、『Tシャツ』の意味がわからなかった。兄の1人はT型のシャツだと思い、他の誰かはティータイムに着るシャツだと考えた……ソニーのシンプルなラジオカセットプレーヤーがまるで宝物だった。総合ビタミン剤は大変な貴重品で、お年寄りや僧侶のために取り置かれた」

「タイからの密輸品の所持や売買は法律で禁じられていたが、取り締まりは緩く、闇市が繁盛した。タイから運ばれた衣服や電化製品、種々の日用品を人々は買った」[16]

ビルマは資源に恵まれた国だった。石油に天然ガス、チーク材、ヒスイなどの宝石も産出し、かつては世界一の米の輸出国でもあった。なのに結局、産業は育たず、最貧国に転落する。「後発開発途上国」と国連で認定された。独裁の幕開けから25年後の１９８７年のことだった。

この年、87年には、大きな出来事がもう一つあった。9月5日土曜日午前11時をもって、25チャット、35チャット、75チャット紙幣は無効とする――3種類のお札を無価値とする、と政府が告げたのである。[17] 理由はよくわからない。蓄財した密輸業者への懲罰だ、物不足によるインフレを抑えるためだ、などと推測された。

それで何が起きたか。アメリカのニュース週刊誌『タイム』[18] はこう報じた。

「通貨の60%が一掃された――中流家庭の蓄えや希望とともに」

時期も悪かった。日本の外交官が書いている。

「この措置が実施された時期は、大学学費の納入期であった。手元にあったなけなしの金が紙屑となったラングーンの大学生の一部は、鬱憤を抑えきれず、九月五日に市内で暴れまわったが、政府が翌六日全大学を閉鎖したので、大事には至らなかった」[19]

しかも、お札を無効にしたのは、64年と85年に続き、それが3度目だった。

独裁に対して、それまでにも学生たちは抗議の声を上げてきた。だが、そのたびに政府は大学を閉鎖し、逆らう人を逮捕してきた。怒りや不満が人々の腹の底にたまり続けることになった。

それが盛大に弾けるときがついに来る。最貧国に転落し、お札が無効にされた翌年、1988年のことである。

3月と6月に前哨戦となるデモを学生らが行い、88年8月8日を迎えた。8が四つ並ぶ「8888」の日である。この日を期して、大規模なデモが始まった。何万人もの人々が連日、街路に繰り出した。民主化を求める声がわき上がった。それに政府は武力で応じ、デモは治安部隊に銃撃されて死傷者多数が出たが、それでもデモは続いた。学生、主婦、労働者、僧侶も加わった。商店は休業、公務員もデモに出てしまい、役所は機能停止に陥った。代わって、人々が地域の管理、つまりは自治に乗り出した。治安や保健の担当者が指名され、デモ隊への食事の配給を買って出る人が現れた。一方で、デモ隊の飲み水に毒が入れられるかもしれないといううわさが流れ、政府の手先と見なされた人たちの首をはねる公開処刑が始まる。▼20

思わぬ人物がそこに登場した。

アウンサンスーチー登場

アウンサンスーチーである。

イギリスからの独立運動を指導し、第二次大戦が始まるとビルマ軍を創設して、まずイギリス軍、次いで日本軍と戦って独立への道を開いた英雄、アウンサン将軍の娘である。その独立を前にして政敵に暗殺された悲運の英雄の娘である。独裁政府に居並ぶ将軍たちにとっては、偉大な上官の一人娘ということになる。

まったくの偶然だったのだが、「８８８８」デモが起きる4か月前、１９８８年4月に、イギリス人と結婚して長く外国に暮らしていた彼女が、母親を看病するために帰国していたのである。

当時43歳、政治とは無縁の研究者と思われていた彼女が、8月26日に初の演説をした。会場となったラングーンの聖地シュエダゴン・パゴダ（仏塔）の西の広場には50万人が集まったといわれる。彼女は訴えた。

「父の娘として、この事態に無関心ではいられません」

「この国難は、第二の独立闘争と呼びうるものです[21]」

英雄アウンサンの娘が人々とともに立ち上がった。独裁政府は倒れるかに見えた。しかしこの後、流れは逆転した。この演説から23日後の9月18日、布告が出た——あらゆる面での状況悪化を食い止めるため、軍が本日をもって全権を掌握した、と。

ビルマ社会主義計画党が取り仕切る一党独裁の形を取っていたから、軍が政権を直接掌握したと改めて宣言したのである。ソーマウン将軍ら19人が国家法秩序回復評議会を組織して政権を握った。

５人以上で路上に集まることや夜間の外出が禁じられ、デモに向けてまた銃弾が発射された。推定３０００人の死者を出して、「８８８８」デモは息の根を止められた。多くの人が国外に逃れた。

そこからアウンサンスーチーは民主化運動を再建し始めるのだが、その途上、翌89年7月に、彼女は自宅に閉じ込められる。６年間続く最初の自宅軟禁である——以降、これを含め、彼女は3回計15年間軟禁されることになる。


ビルマの外では、新たなうねりが起きていた。東欧で共産主義体制が揺らぎ、89年11月、ドイツを東西に隔てていたベルリンの壁が崩れた。12月にはアメリカとソ連が冷戦の終結を宣言した。「８８８８」の2年前、86年には、フィリピンの「ピープルパワー革命」がマルコス独裁政権を倒していた。マルコスは国外に逃れ、民主派の政治家だった夫を暗殺されたコラソン・アキノが大統領になった。韓国でも、民主化を求める人々が弾圧された80年の光州事件を経て、87年に民主化宣言が出された。

ビルマでは話が違ったのである。89年に天安門広場で人々が上げた民主化要求の声を封じた中国と同じく、政府と人々の対立が続くことになった。

せめてジョークで

民主化を唱えれば逮捕され、デモに出れば銃撃されることになるから、ビルマの人々は、せめてジョークで立ち向かった。

「政府の管轄が水道と電気だけで、助かった。空気は政府の管轄外だ」[22]

資源はあるのに発電所が足りず、電気が来るのは国民の半数に満たない。そんな政治のお粗末さがジョークになった。長い独裁の間にジョークが量産された。

政治家の集まりで、アメリカの大統領がいった。

「両脚のないアメリカ人がエベレストに登頂した」

すぐさま、ロシアの大統領が切り返した。

「両腕のないロシア人が大西洋を泳ぎ渡った」

そこで、ビルマの指導者が割って入った。

「わが国なら、頭がなくても20年間、国を運営できましたぞ」[23]

「８８８８」デモ弾圧から20年後の２００８年のジョークだ。

パンソダン通りを歩けば、このジョークの意味がよくわかる。貴重な建物が荒れ放題だ。強大な武力を持つ大国が競って他国や他民族を従えた、悪しき帝国主義の時代の遺物でもあるから軽んじられたのかもしれないが、再開発することもできなかったようである。残されたおかげで、いまでは、ビルマの歩みを物語る貴重な街並みである。

このパンソダン通りだけではない。半世紀に及ぶ独裁の間、自ら国を閉ざし、また他国から疎まれて孤立してきたビルマの街は、全体が古びて、ひび割れている。野良犬もやせこけて、もの悲しい顔をしてへたり込んでいる。

どこも昔から変わらず、ビルマ人には見慣れた光景である。いま、パンソダン通りを歩きながら建物を見上げて、いちいちため息をつくのは、僕のような外国人観光客くらいのものだった。

独裁の本質をつかんだジョージ・オーウェル

それでは、ビルマ人はこの通りで何をしているのかといえば、彼らはしゃがみ込んでいる。しゃがみ込んで古本の山を探っている。地元の人にとってこの通りは、人口６００万人のラングーンでも指折りの書店街だ。

書店といっても、歩道に本棚や台を置いて本を並べてある店は高級店で、ブルーシートを歩道に敷いてそこに古本を積み上げただけという店がいくつもある。夕方になれば店仕舞いする露店である。そこに人々は、通りを走る旧式日本車の排気ガスを浴びながら、しゃがみ込む。同じようにしゃがみ込むと、店ごとに専門があることがわかる。物理学の古本を取り揃えた店がある。ジョージ・オーウェルの『１９８４年』『動物農場』『ビルマの日々』の表紙を客に向けて並べる店がある。

インドに生まれ、イギリスの名門イートン校に進みながら大学には行かず、１９２２年、19歳のオーウェルは、ビルマに渡って大英帝国の警察官になった。

イギリスの植民地とされたビルマでは、イギリスの高級官僚による統治のもと、イギリス系企業が石油を開発し、インド向けに米が作られていた。オーウェルが赴いたころには、それへの抵抗がすでに始まっていた。20年には、設立されたばかりのラングーン大学で、一部の限られた人しか入学できないことに抗議して、学生がストライキに突入した。自治を求める声が人々から上がっていた。30年から32年にかけては、29年に始まった世界恐慌の影響も受けて困窮する農民が、課税に反発して大反乱（サヤー・サン反乱）を起こした。植民地政府は、インドから部隊を増援して抑え、数千人を捕えて、１２０人余りに死刑を宣告した。[▼24]

北部の大都市、マンダレーの警察学校時代の集合写真を見ると、制服姿の、どこか柔和な顔のオーウェルが写っている。しかし、勤務に就くと、悩むことになったらしい。後のエッセイ「象を撃つ」（１９３６年）にこう書いている。

多くの人に私は憎まれていた――あんなに憎まれるほどの重要人物になったのは、生まれてこの方、あのときだけだ、と。

帝国主義は悪である、ひそかに私はビルマ人の味方であり、抑圧者であるイギリス人とは敵対していた、とオーウェルは書いている。臭い獄房に詰め込まれた哀れな囚人や長期囚らのおびえた顔に、竹のむちの傷跡の残る男たちの尻に、罪悪感を抱かないではいられなかった、とつづっている。[25]

5年後、27年にオーウェルは休暇でイギリスに戻ると、そのまま警察官を辞めてしまう。彼の『ウィガン波止場への道』（1937年）には、こんな記述がある——イギリスで50万人の怠け者にぜいたくをさせるために、我々はおとなしく搾取されているが、もし、外国人に支配されるということになったら、我々は、最後の1人になるまで戦うであろう。[26] オーウェルの目から見れば、ヨーロッパ人であれ、アジア人であれ、望みもしない支配に人が抗うのは当たり前のことだった。「抑圧者はつねに間違っている……帝国主義のみならず、人が人を支配するすべての形態から逃れなければならない」とオーウェルは感じるようになる。[27] 支配の一翼を担わねばならない警察官を辞めて、作家を目指す。

それから22年ののち、支配というものの行き着く先をオーウェルは書いた。結核にかかって46歳で息を引き取る前年、1949年出版の『1984年』である。

「ビッグ・ブラザーがあなたを見守っている」[28]と書かれた中年男のポスターがあちこちに貼られ、人は、その独裁者ビッグ・ブラザーを憎むのではなく、愛するよう導かれる。巧みに、また暴力的に誘導されて、人は、独裁者を救い主として崇め、愛するようになる。憎しみは、陰謀を企む敵に向かうよう仕組まれる。日々の暮らしは、いまのパソコンを思わせる

「テレスクリーン」に監視され、独裁への反抗を決意すれば、「思考警察」に逮捕される――独裁下のビルマでは、赤色の大看板があちこちに立てられた。「外国からの介入に反対せよ」などと書かれていた。新聞にも標語が載った。

「国家の分裂を阻止するため、軍は多くの血と汗を流してきた。この偉大な任務への全面的な協力と支援がすべての民族に求められている[29]」

独裁の下、言葉は意味を変えられていくものらしい。後の新聞には、こんな標語が載った。

「私たちは、安定を支持する。私たちは、平和を支持する。私たちは、不穏と暴力に反対する[30]」

デモを銃撃した政府の標語とはとても思えなかった。安定、平和は、政府にとっての安定、平和を意味することになったらしい。もう一歩これを進めれば、『1984年』の標語「戦争は平和　自由は隷属　無知は力[31]」である。

1990年代半ばの2年余りの間、僕は、タイのバンコクに駐在する新聞記者だった。その間、バンコクからビルマに毎月通って取材していた。さすがに「テレスクリーン」はなかったが、電話は盗聴されているとビルマの人々は信じていた。バンコクから飛行機で1時間のラングーンに飛んで来て、ホテルの部屋から電話をかけて、それに妙な雑音が入っても、盗聴されているかどうかはわからない。念のために、盗聴を前提に使うしかなく、それはつまり、大事な取材先には電話できないということだった。

独裁下のビルマは、外国人記者が駐在するどころか、入国することさえむずかしい国だった。しかし独裁政府の政策にも変化があって、バンコクのビルマ大使館に申請すれば、記者にも2週間の入国許可が出た時期があった。僕がバンコクにいたころが偶然その時期だった。

新聞は国営、雑誌は検閲

『1984年』の「思考警察」のように、人々を監視し、逮捕する組織もビルマにはあった。それを人々は、MI（エムアイ、ミリタリー・インテリジェンス）と呼んで恐れていた。密告者や諜報員、その元締めといわれた軍の諜報局、ときには警察も含めて、監視・捜査機関全体を指す言葉として使われていた。

人々は、監視され、逮捕され、ものもいえなくなっていた。それもジョークになった。歯痛の男が、わざわざタイの歯科医院に行くジョークだ。

タイの歯科医は尋ねた。

「あなたの国にも歯科医はいるでしょう？」

「もちろんだよ」

そう患者は答えた。

「世界最高の名医がいる。けれど、誰も口を開くことができないんだ▼32」

独裁に歯向かうコメディアンとして大人気だったのが、歯学部卒業のザーガナーだ。ザーガナーは、歯科医にはならず、１９８０年代から舞台に上がって、独裁をネタに人々を笑わせてきた。外国メディアの取材にも堂々と口を開く稀有なコメディアンだった。自分は、人々が口にできない気持ちを代弁する「ラウド・スピーカー（拡声器）」なのだ、と公言した。▼[33]　４回計８年間、彼は投獄された。

パンソダン通りをさらに北へ。

高い時計塔が目印の１９１１年建築の裁判所の前に、英語雑誌の専門店があった。アメリカのニュース週刊誌『タイム』に『ニューズウィーク』、それに『ビジネスウィーク』『カー・ドライビング・ガイド』『アクション』と、意外に多彩にブルーシートに並べてある。古雑誌ばかりだ。１９８８年８月29日号、95年２月27日号、96年９月２日号。半世紀前の号もあった。『タイム』の63年４月14日号。クーデターの翌年の発行だ。

どれも、表紙にはプラスチック板、裏表紙には厚紙を貼りつけて補強してある。物の乏しい国だから、貴重品なのだ。そんな手間がかけてあっても１冊３００チャット（取材当時約30円）と、安い。

何冊か、しゃがみ読みする。『タイム』２００４年11月１日号の目次が目に留まる。39

ページに、キンニュン将軍の解任を報じる記事がある。ビルマ独裁政府の序列3位、諜報局の局長だったこの将軍の突然の解任は、外国ではちょっとしたニュースになった。健康上の理由で退任したとビルマの国営メディアは伝えたが、本当は、政府内で権力闘争が起きたのだといわれた。将軍は自宅に軟禁され、部下の将校たちも逮捕された。

その記事があるはずの39ページを探すのだが、思った通り、そのページだけがない。39ページがあるはずの1枚だけが、きれいに切り取ってある。

独裁下の1990年代半ば、バンコクからビルマに出張して毎朝読む新聞といえば国営新聞だった。それしかなかったのである。この将軍が外国の要人と会談された、あの将軍がダム建設現場を視察された、と報じる新聞だった。テレビも国営で、同じだった。それでも毎日眺めていれば、政府が人々に何を知らせたいかがわかった。

国営メディアのほかに、月刊誌が数十種類発行されていた。民間のジャーナリストがそこに現実を書こうとしたが、それには検閲が課された。発売前に政府に見せなければならない。政府の意に沿わない記事があれば、削除が指示された。月刊誌を買ってぱらぱらめくれば、銀色のインクでべったりと塗りつぶされたページがあった。1冊ずつ塗りつぶさせたのである。

「この前は、中流の人たちに暮らしや思いを尋ねた記事が駄目だった。事実を書いただけなのに、削除しろといわれる。鉄道料金か何かが値上げされたと書くだけでも、読んだ人がよからぬ考えを抱くと思っているらしい」

批判なんかしないのに削除だ、と月刊誌の編集者は嘆いた。

そしてＭＩ——これなら、どんな政府だって安泰だろう。20年近く前、取材しながら僕はそう思っていた。独裁が永遠に続きそうに思えた。オーウェルが『１９８４年』で描いたのも、終わりの見えないディストピア（暗黒郷）だった。

『1984年』の先へ

ところが、それは大きな思い違いだった。ビルマが変化を見せ始めた２０１０年に新聞社を辞めてフリーランスとして再びビルマを取材し始めて、それがわかった。

現実のビルマには、その先の話があった。現実は、『１９８４年』の先を行っていた。もしビルマの独裁政府が、『１９８４年』のように、情報を統制し、反逆者を逮捕して拷問して、それで万全だと考えていたとしたら、僕と同様、それは誤算だった。

それに耐えた若者たちがいた。彼らは、耐えて新たな抵抗を準備し、独裁を倒しにかかっていた。

そのためにまず彼らがしたことは、知識ある人に教えを請うことだった。歴史を学び、世界の動きを知ることだった。世界を知り、同時に世界にビルマを知ってもらうために英語を習得することだった。

それに必要な本や雑誌を彼らが入手したところが、パンソダン通りや、その近くの書店だった。パンソダンで買えたんだ、と彼らはいった。検閲済みの書籍から彼らは学んだのである。

1990年代半ば、僕がビルマに通って取材していたころ――それはまさに、彼らがむさぼるように勉強していた時期だった――そんな話はまったく聞いたことがなかった。うわさにも聞かなかった。

だがそれは、独裁政府も同じだったはずだ。どれほどの数の若者がどれほど熱心に学んでいたか、そしてそれが何をもたらしたか、全容はいまも誰もつかんでいないのである。

2010年以降、ビルマは急速に変化する。誰も予期しえなかった変化である。

10年11月、独裁政府は総選挙をした。将軍たちが軍を辞めて連邦団結発展党を作って立候補して当選した。そのとき、民主化運動の先頭に立って1991年にはノーベル平和賞を受けたアウンサンスーチーは自宅に軟禁されたままだった。彼女にはそれが3回目の軟禁で、「8888」デモのときに彼女らが設立した政党、国民民主連盟は、総選挙をボイコットした。

それでもともかく選挙が終わって、上院（民族代表院）と下院（国民代表院）からなる国会が復活した。総選挙の6日後、スーチーが7年半に及んだ3回目の軟禁から解放された。

総選挙の翌年、2011年3月末に、1988年以降、独裁政府の意思決定機関となっていた国家平和発展評議会（国家法秩序回復評議会から改称）は解散し、新政府が発足した。ただし、元将軍らの連邦団結発展党が圧勝した国会のもとで作られた新政府である。独裁政府では序列4位、首相だったテインセイン元将軍が大統領に選ばれた。閣僚の多くも元軍人だった。だから、最初は誰も希望を持たなかった。

ところが、人々の予想を裏切って民主化が始まる。

新政府発足翌年の２０１２年４月の補欠選挙に、スーチーの国民民主連盟から候補者が立った。このとき新政府は、スーチーを軟禁しなかったのである。民主連盟は、地方議会も含め45議席中43議席を奪う圧勝を収めた。スーチー自身も下院議員に当選した。民主化運動に加わって投獄された囚人――「政治囚」「良心の囚人」と呼ばれ、近年は常時２０００人を数えた――の多くが釈放された。

補欠選挙の４か月後に検閲が廃止された。翌13年４月には、民間企業による新聞の発行が許され、多彩な新聞が街角で売られ始めた。口を開く自由が蘇ってきたのである。

そして、15年11月の総選挙にスーチーの国民民主連盟は挑み、圧勝する。選挙が行われた上下両院４９１議席のうち８割、３９０議席を取った。上下両院の総議席数は６６４で、このうち４分の１の１６６議席は軍に割り当ててあり、選挙を経ることなく軍人が占めることになっているが、それを含めても、民主連盟が過半数を制したのである。新政府初代大統領テインセイン元将軍の連邦団結発展党は41議席と惨敗だった。

独裁下の08年に作られた憲法の、子や配偶者が外国籍の人は大統領になれないという規定によって、息子がイギリス国籍であるスーチーの大統領就任は阻まれた。代わりに国民民主連盟は、スーチーらとともに連盟を創設した故ルウィンの義理の息子で、スーチーの側近のティンチョーを推した。16年3月15日の国会でティンチョーは大統領に選出され、新政権が30日に発足した。スーチーは外務大臣などとして入閣し、各省庁に助言できる顧問にも就いた。大統領になれない彼女のために、顧問職を設ける案が国会で早々に可決されたのだった。

1962年のクーデターから半世紀、スーチーが登場した「8888」デモから数えれば四半世紀を経て、とうとう政権交代を成し遂げたのである。

そしてそこには、ひそかに学んだ若者たちがいた。

なぜ彼らは弾圧に耐えることができたのか、かくも長く民主化運動を続けることができたのか——彼らやその仲間を訪ねて歩くうちに、その秘密を僕は教えられることになる。

▲パンソダン通りの英語雑誌専門店。『タイム』や『ニューズウィーク』の古い号が並べられている

▲パンソダン通りと交わるマーチャント通りにも書店が開店

▼パンソダン通り

1 声明はひそかに配布された

タイのメーソット――日本から声明文を入手したチョウマートエが暮らす国境の町――も、パンソダン通りと同じように、独裁が何をもたらしたかが一目でわかるところだ。バンコクからノック・エアー社のプロペラ機に1時間乗ってメーソットの市場に行けば、一目でわかる。

ビルマ人がひしめいている。

布地がひらひらと風に揺れる衣料品店で昼寝をする幼い兄弟、ニワトリを包丁1本で次々に解体して行く屋台の母子、道端に豆を積み上げて客を待つおばあさん、バイクに食料品を積んで人ごみを縫って行くおかみさん――何千人もの商人と客でごったがえしている。そのほとんどがビルマ人だ。女性か子どもならほぼ全員が、ときには男も、タナカーをほほや額に白く塗っている。樹皮から作る昔ながらのビルマの化粧品である。

道端には、ビルマ人が好んで口に入れる「かみタバコ」の赤い汁が吐き捨ててある。赤黒いしみだらけだ。排水溝のあたりはまるで流血の惨事である。

市場に朝食をとりに行って、ビルマの汁麺モヒンガー、1杯15バーツ（45円）を頼めば、魚の出汁の効いた本場のモヒンガーが運ばれて来る。客の男たちは、葉巻のように葉を巻いたビルマのタバコ、セーボーレイをくわえて、テレビが映す欧州のサッカー試合に夢中だ。

タイ国内なのに、ビルマの市場そのものなのだ。

ビルマからは、チョウマートエのほかにも、多くの人が逃げ出していたのである。

独裁下のビルマから逃げ出す人々がまず目指す町がメーソットだった。国境のモエイ川に架かる橋のたもとには出入国管理事務所があるが、川は長い。水位が低い乾季には、男たちがビルマ側から川をじゃぶじゃぶと歩いて渡って来てタイ側の商店で買い物をして、またじゃぶじゃぶと帰って行く。その一部始終を河原で僕は眺めていたことがある。かつては、日本軍がこのあたりを通ってビルマに攻め込んだ。

国境に暮らすビルマ人は三つに分けることができる、とビルマ人はいう。

まず、働きに来た人がいる。出稼ぎだ。

ビルマの失業率は37%という調査結果が、検閲撤廃後の２０１３年初めに報じられた。[1] 09年から翌年にかけての調査によれば、５歳以下の子どもの28%が体重不足だ。[2] 親に職がなく、子どもの３人に１人が腹を空かせているということだ。命からがらの出稼ぎである。

次に、難民がいる。

ビルマには、人口の７割を占めるビルマ民族のほかに少数民族がいて、その数は１００以上といわれる。そのうち20ほどの少数民族組織が、自治権や独立を獲得すべく政府軍と戦ってきた。おもに平地に暮らすビルマ民族と山地の少数民族を別々に統治したイギリス植民地時代、そして、ビルマ民族が日本側、少数民族が連合国側についた第二次大戦の時代を引きずって、内戦は延々と続けられてきた。中でも、一時は兵力１万人を擁したカレン民族同盟と軍の内戦は、ビルマ独立翌年の１９４９年から60年以上続いて、世界最長といわれる。[3]

カレンなどの少数民族が住む国境地帯は戦場となって、地雷が埋められた。村人が難民となってタイに逃れて来た。

それから、これも難民の一部だが、逮捕から逃れた亡命者がいる。民主化運動をして逮捕されそうになって、逃げて来た人たちだ。逮捕されて政治囚と呼ばれるようになると、釈放後も、政府を恐れる人々から疎んじられたので、そんな世間の目から逃れて来たという元政治囚もいた。

メーソットの町や国境沿いにある難民キャンプだけでなく、タイ北部のチェンマイやバンコクにもそうした人々が暮らしていた。そこからアメリカや日本に渡った人もいた。合計すれば、タイだけで200万人から300万人、世界全体では500万人といわれた。ビルマは人口5140万人だから、10人に1人が国を出たということになる。

それでも民主化運動を弾圧して、独裁政府は生きながらえた。

日本から送られた声明――チョウマートエの物語

「8888」デモ弾圧の後、ビルマを逃れ出る人が急増したが、その中に、タンティンスィンがいた。彼はチョウマートエの知人だった。

タンティンスィンは、タイを経て1990年6月に日本に渡って来た。バブル経済が弾け始めたころの日本である。そこで彼は20人ほどの仲間と、アウンサンスーチーらが

「８８８８」の際に設立した国民民主連盟にならって、「国民民主連盟（解放地域）日本支部」を作った。そして、民主化を支援してほしい、独裁に手を貸す経済援助はしないでほしい、と日本政府や労働組合に働きかけた。

そのころ、チョウマートエはラングーンに暮らしていた。彼女ら国内の民主派の人たちにタンティンスィンはときおり連絡を取った。

時は流れて98年の夏、タンティンスィンによれば、東京の労働組合がビルマに向けて声明を出し、当時は東京・大塚にあった民主連盟日本支部にも、それが届いた。

僕が彼らに出会ってその声明のことを知ったとき、声明が出てからすでに15年近くが経っていた。それを出した労働組合の名前をタンティンスィンは記憶していたが、声明の現物は残されていなかった。僕は、その組合を訪ねたり、いくつかの労働組合と長いつき合いがあるビルマ人から当時の話を聞いたりしたが、そのころに声明を出した組合がほかにもあって、この声明だと確定することはできなかった。遅すぎた。

98年夏、その英文の声明をファクスでタンティンスィンはチョウマートエに送った。送ってほしいとチョウマートエが頼んだのである。

日本で声明が出たことをチョウマートエはラジオで聴いていた。独裁下のビルマでは多くの人が、検閲される国内メディアの代わりに、イギリスのＢＢＣ（英国放送協会）やアメリカのＶＯＡ（ボイス・オブ・アメリカ）など、外国から届く短波ラジオ放送に耳を傾けていた。

ＢＢＣやＶＯＡにはビルマ語放送がある。

チョウマートエはいう。

「誰もがいつも、誰かや何かに脅えている。何も自由に決められない。そんな世の中が嫌だった」

だから、声明を手に入れて、日本の労働組合が声を上げていることをビルマの人々に広く伝えて、そんな世の中を変えようと励まそうとしたのである。

タンティンスィンはいう。

「大きな労働組合が出した声明だった。ビルマの人たちは喜んだ」

「８８８８」デモからすでに10年。そのころ仕事は何をしていましたかと尋ねると、家事でしたと答える、当時42歳独身のチョウマートエが、とんと進まぬ民主化を前へ進めようとしていたのだった。

彼女は、スーチーの国民民主連盟にも入っていなかった。

「組織に入ると、その組織のために動くことになるから。私は、たくさんの人たちと一緒に活動したかった」

黒縁メガネの奥の目をときおりしばたたかせながら、そんなことをさらりという。自分の足で立つ人なのである。

チョウマートエは、知り合いの国民民主連盟党員と相談して、声明を入手することにしたのだという。

だが、それは危険なことだった。声明は反政府文書であり、ファクスも危なかった。スーチーと親しかったレオ・ニコルズが96年に逮捕されて禁固３年の判決を受けたが、その理由の一つがファクス機を持っていたことだった。無許可で所持していたというのだ。そう報じられた。逮捕の２か月後、彼は死んだ。脳卒中だといわれた。▼4

チョウマートエは、その危険を引き受けた。彼女は、知り合いが勤める事務所のファクスを使った。そこに東京から声明を送信してもらった。政府の目が届きにくい外国関係の事務所だった。

送られてきたのは、ビルマ政府に対して、政治囚の釈放やスーチーとの対話、労働者の権利の保障を求める声明だった。

チョウマートエは、それを民主連盟党員に渡した。英文だった声明はビルマ語に訳された。それをタイプで打ってくれないかと彼女は党員から依頼された。彼女は、友人にそのタイプ打ちを頼み、タイプされたものを党員に渡した。

チョウマートエがかかわったのはここまでだ。その後、声明がどうなったかは知らなかった。

タイプされたものを渡して３日後に、「大成功だ」と党員から彼女は聞いた。

事態は急変する。

98年9月22日早朝、チョウマートエは、党員の逮捕を知る。1週間前に党員は逮捕されていた。その日のうちに彼女も捕まった。日本からの声明が釈放を求めている政治囚に、自分がなってしまったのである。

彼女は、2日間の裁判で禁固14年の刑を宣告された。二つの罪に問われたことはわかり、ならば14年だと理解した。彼女にわかったのはそれだけだった。彼女や党員ら20人ほどが同時に判決を受け、「よくわからん。私はいったい何年の刑だ？」と聞き返した党員が、罪一つで7年だといわれたのだ。党員の刑は42年だった。

刑務所に入れられると、「何年？　何の罪？」と彼女は看守に尋ねた。看守は「ファクスで7年、タイプで7年」とささやいた。半年後に別の刑務所に移されて、そこで「印刷出版業登録法違反だ」と聞く。政府が出版物を検閲する根拠とした法律だ。

チョウマートエはタイプ打ちはしていない。だが彼女は、タイプ打ちをした友人の罪を引き受ける気はないか、と警察の係官からもちかけられたのだという。友人は妊娠し、しかも健康を害していると聞かされた。考える時間を3日やるといわれたが、彼女は即答した。引き受けます。友人を助けられたら幸せだと思った。係官の気が変わって友人が投獄されたら困ると思って即答した。しかし係官は、大変申し訳ないことである、せめて3時間考えてほしい、という。だが彼女は、3分で足ります、引き受けます、といって譲らない。係官は、ならば30分考えてちょうだいと譲歩し、30分後、彼女が罪を引き受けることになった。

合わせて14年の刑期を終える前に釈放されたが、たった1通の声明によって、チョウマートエは11年間投獄されていたというのである。

僕がため息をついていると、彼女と僕の間で、ビルマ語ができない僕のために、ビルマ語・英語の通訳をしてくれていたティンエーがぼそりといった。

「2通だったら、20……」

ティンエーも16年間投獄された元政治囚だ。

彼がいい終えないうちに、ウフフ、ククク と、僕たち3人から複雑な笑いが漏れた。2通入手していたら本当に2倍の22年間投獄されたかもしれない——そう想像したのである。

その声明1通がその後どうなったか。

チョウマートエが入れられた刑務所の房にはほかに3人がいて、その1人がノーブルエーだった。ラングーン近郊のダゴン大学で物理学を学ぶ学生だった。

ノーブルエーがチョウマートエに尋ねた。

「どうしてここに入ることになったの？」

「日本から声明を送ってもらったのよ」

「私、それ、配ったわ」

2人は初対面だった。

ノーブルエーの話によれば、彼女らは、民主派の活動家から声明を1枚入手した。国民民主連盟党員からひそかに手渡されて行ったものだろう。彼女らは、それを２０００枚コピーして、４人で手分けして配った。映画館でこっそり配り、郵便で送った。停留所でバスの屋根に20枚ほど載せれば、走り出したバスが撒いてくれた。

ノーブルエーには、この声明とは別の件から逮捕の手が伸びていた。メーソットの民主化団体が発行した冊子を所持していた男が捕まって、冊子はノーブルエーからもらったものだと供述してしまったのだ。ノーブルエーは、チョウマートエ逮捕の翌日、98年９月23日に逮捕された。22歳だったノーブルエーに禁固42年の刑が下った。

チョウマートエは、裁判のときにも、走り寄って来た別の被告から、ラングーンの西のイラワジ・デルタでも配ったと聞かされた。

声明は違法文書だから、コピーしてくれる店を探し出すことがまずむずかしかったはずだが、広く配布されていたのである。

党員がチョウマートエにいった通り、大成功だったのである。

声明配って逮捕者46人？

チョウマートエ、通訳のティンエー、そしてノーブルエーとも僕は初対面だった。なぜティンエーが現れて通訳を買って出てくれたのか知らないまま通訳してもらっていたのだが、聞けば、ティンエーとノーブルエーは夫婦だった。ティンエーは、妻と同じ房に入れられていた人の通訳に来たのだった。

1度は夫妻そろってチョウマートエの家に来てくれた。僕が彼女らから話を聞き終わると、ティンエーがノーブルエーとのなれそめを聞かせてくれた。

42年の刑を受けたノーブルエーは、7年後、2005年に恩赦で釈放された。同じ年に一足先に、学生活動家だったティンエーも16年間の投獄から釈放されていた。ラングーンで2人は同じ月刊誌作りに携わって知り合った。

ところが、燃料の値上げをきっかけにまず民主派の活動家が、次いで僧侶が立ち上がって、僧衣の色から「サフラン革命」と呼ばれた大規模デモが起き、それが弾圧された07年に、著名な活動家となっていたノーブルエーがまた逮捕されてしまった。日本の大乗仏教とは系統の異なる上座仏教徒が人口の9割を占めるビルマでは、飲酒や午後の食事を禁じる227の戒を守る聖なる僧侶が独裁に抵抗しうる一大勢力だったが、その僧侶たちのデモも、治安部隊に抑え込まれたのだった。

ノーブルエーが逮捕されると、ティンエーはメーソットに出て、彼女の釈放を待った。彼女が12年初めに釈放されてメーソットに出て来るまで、4年半待って結婚した。

「君がメーソットに来なけりゃオレは死んじゃうよ、と彼女にお願いしたんだ」

「彼女はオレを信頼してくれちゃったんだよ」

ノーブルエー本人を前にして、ティンエーは盛大にのろけてみせる。アハハハとみんなで大笑いである。

大笑いの後、取材の締めくくりに、日本からの声明が縁となったチョウマートエとノーブルエーの２人に並んでもらって写真を撮った。カメラを向けると、２人は顔を見合わせて、そして微笑んだ。

ノーブルエーはいった。

「声明のことで２人でびっくりして、それから仲良くなったのよ。互いを知らないまま、一緒に活動していたのね」

外国では僕は、ささやかな記念の品として和紙のメモ用紙を持ち歩いている。帰り際、その品を進呈すると、ティンエーがまたまじめな顔をしていった。

「彼女らがこれを配布したら、また逮捕だな？」

確かに日本からである。アハハハとまた大笑いだ——きっと、ティンエーはこうして獄中で正気を保ったのである。

ビルマに限らず、世界のどこかで人権侵害が起きると、人権団体や労働組合がそれに抗議する声明を出す。ビルマのような独裁国にあてて１、２枚の抗議声明を出したところで何の役に立つのか、僕は疑問に思っていた。独裁者はその存在すら知ることはないだろうと思っていた。恥ずかしいほど的外れの疑問だった。声明を読むのは独裁者ではなかった。自由を求める人々が声明を切望し、声明に希望を託すのだ。

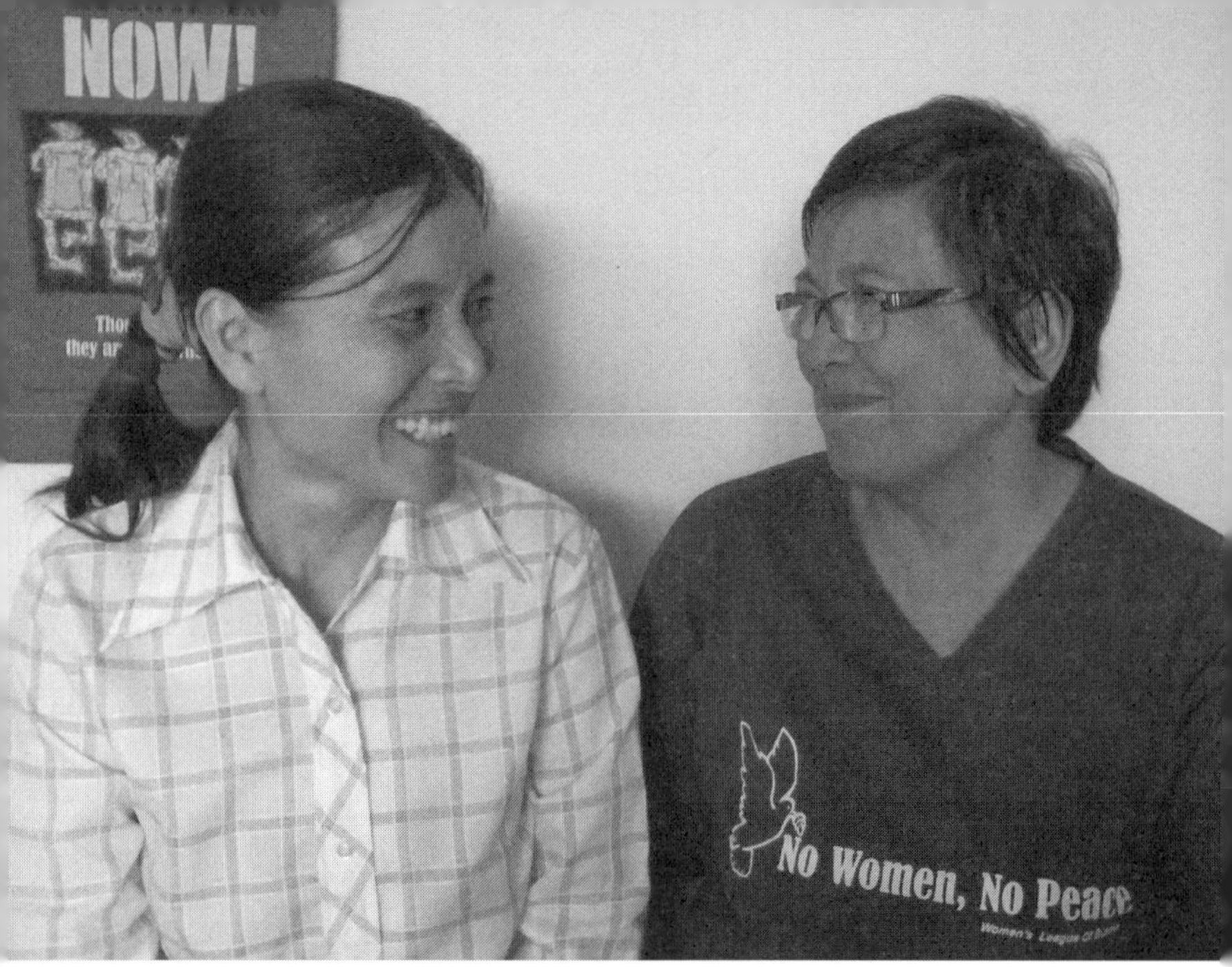

▲ノーブルエー㊧とチョウマートエ

▼国境。モエイ川に架かる橋の上から乾季に撮影。左がタイのメーソット。右がビルマのミャワディ

彼女らによれば、この声明にかかわって逮捕された人は全部で46人になるのだという。その根拠は聞きそびれたが、あながち大げさだとも思えない。彼女らから聞いた人を数え上げただけでも、10人が配布にかかわっている。

少なくともそれだけの人々が、日本からの声明に希望を託したのである。

「人には声を上げる権利がある」

1991年12月10日、アウンサンスーチーへのノーベル平和賞授賞式がノルウェーのオスロで開かれた。民主化運動への彼女の貢献がたたえられた。

その日、日本なら東京大学に当たるラングーン大学では、数百人が集まって声を上げていた。大学近くにある自宅に89年から軟禁され、授賞式にも出られないスーチーの解放を求めるデモだった。「8888」デモで政府を追い詰めた学生たちが、受賞を機にまた立ち上がったのである。

「スーチーを解放しろ」「政治囚を釈放しろ」と叫んだデモ隊は、しかし、ただちに弾圧された。ラングーン大学3年生のゾーアウンは、2日目のデモを終えた翌11日の真夜中近く、家で寝ているところを逮捕された。祖父が「孫をどこへ連れて行く。わしも一緒に連れて行け」と抵抗してくれた。

ゾーアウンを含め、デモ参加者約100人が同じ刑務所に送り込まれた。

彼はいう。

100人は翌年の3月に、数人ずつ順番に法廷に連れ出されて判決を受け、また同じ刑務所に戻された。

スーチーの国民民主連盟の党員だった私は、同じく党員だった4人と一緒に連れ出された。法廷に入る前に警察官が「罪を認めろ。そしたら、減刑されるかもしれないぞ」といった。しかし、人には声を上げる権利があるはずだ。しかも1人はデモに参加しておらず、誤認逮捕だ。私たちは相談して、意見が一致した。罪を認めるか、と裁判官から聞かれたとき、5人で声をそろえていった。

「認めない」

裁判官は3人とも軍の将校だった。中佐が1人に少佐が2人。裁判官はいった。

「ここは軍事法廷だ。反論はできない」

全員有罪。私を含め4人に禁固10年の刑、デモに不参加だった男に12年の刑が宣告された。弁護士はいなかった。

刑務所に戻って門をくぐると、獄房から仲間の声が飛んできた。

「何年の刑だ?」

私たちは叫び返す。

「10年だ」

「12年だ」

ワハハハとみんなで笑った。デモに出ただけで、この長い刑だ。信じられない。だからみんなで笑い飛ばした。

しばらくして別の数人が法廷から戻ると、房からまた声が飛んだ。

「何年だ?」

「15年だ」

また笑い声がワハハハと起きる。

法廷から仲間が戻るたびに、この繰り返しだった。

みんながいった。

「長く刑務所にいることはない。すぐに民主化されて釈放されるよ」

けれど、1か月もすると、冷静になる。心配になり始める。いま22歳だ。釈放されるときには何歳だ、将来どうするんだ……。

毎晩、夢を見るようになる。大学の試験に遅れないよう、走って走って、目が覚める。ハアハアいって目が覚める。こっそり刑務所を抜け出して、時計を見ると、もう刑務所が閉まる時間だ、房にいないことがばれたら刑が延びる、また走って走って刑務所に戻ろうとして、目が覚める。眠れなくなる。

他の囚人も同じだった。同じ房にいた男は、毎晩、隅に座り込み、明け方になってやっと眠りに落ちた。

判決通り10年間、私は刑務所から出られなかった。その間に、祖父は死んでしまった。家族揃って夕食をとる習慣を保った祖父だった。食卓に誰かが欠けていると、その帰宅を待つ祖父だった――


彼らがどんなところで暮らしたか、メーソットの市場から5分も歩けば見ることができる。民家に刑務所の房が造ってある。この家を事務所に使う政治囚支援協会が、各国からここを訪ねて来る人権活動家や政治家、学生らに見てもらうために再現したのである。

協会は、ビルマの元政治囚たちが2000年に設立した。全国に40余りある刑務所のどこに誰がどんな状態で囚われているかを調べ、釈放を求めてきた。

獄房の扉は鉄格子。重い扉である。

蚊がぶんぶん中を飛び回っている。広さは6畳ほど。壁も床もコンクリートだ。寝床は、薄い竹のマット1枚と毛布1枚だけ。

獄房のトイレは丸見え

政治囚は、多いときは、この広さに5人が詰め込まれたという。汗がしたたる南国で6畳間に5人である。

しかも、6畳全部は使えない。隅にトイレがある。洗面器としか呼びようがないプラスチックの容器が房の隅にあって、それがトイレである。丸見えである。

ふたが付いた容器が置かれた房もあったが、ふたがない房では、臭い防止に、彼らが英語で「プラスチック・バッグ」と呼ぶ袋が使われた。日本でいえば、レジ袋である。2週間に1度、15分間許される面会のときに家族が差し入れてくれる食物は、レジ袋やビニール袋に入れてあった。そのレジ袋を容器にかぶせて輪ゴムでとめてふたにした。容器の中身は日に1、2度、捨てに出る時間があった。

扉の外に、素焼きのつぼが置いてある。中に水が入っている。カップが一つ、つぼに載せてある。のどが渇けば、扉の鉄格子の隙間から手を伸ばして水を飲んだ。

チョウマートエは、水でひどい目に遭った。

「夜8時から朝4時までに32回下痢をした。立つことができなくなって、這って行ったのよ」

通訳のティンエーを通じてそういって、彼女は、わざわざ家の床を這ってみせる。苦しかったのである。

夜、彼女は水を飲んだ。そのときは暗くてわからなかったが、黒く濁った水だった。なぜそんな水が入っていたのかはわからない。

食事は日に2回だったと元政治囚の1人はいう。

朝11時に、ご飯、豆のスープ、エビを発酵させた調味料ガピ。

夕方4時に、ご飯、野菜スープ、ガピ。

肉は週に1度。豚肉か牛肉のひとかけら。

「米もガピも安物。スープはただゆでただけ。目をつぶって食った」

と、彼はいった。

女性の元政治囚は、そのほかに、朝7時に米のスープをもらったというが、彼は、それは病人にしか出なかったという。条件や時期によって食事は異なったらしい。

獄中で体重が36キロに落ちた

医療も非難の的だった。
1993年から5年半投獄された、作家で医師のマティーダーは、獄中で結核にかかった。どうやら結核らしいと思った彼女は、レントゲン写真を撮ってもらうのに3週間待たされ、その結果を知るのにもう3週間待たされた。親が薬を差し入れる許可を得たが、薬が届くまでに2週間待たされ、それが届いたと思ったら取り上げられて、手にするまでにまた2週間待たされた。検閲撤廃後にそんな記事が出た。[5]
本当の話ですかと本人に尋ねたら、95年のことよ、と彼女はいう。発熱が半年続き、体重が80ポンド（36キロ）に落ちた。たった4、5歩を歩くことができなくなった。
「神に会う方が簡単だ。刑務所の医師に会うのはその後のこと」[6]と元政治囚はジョークを飛ばすのだが、政治囚支援協会の2012年の年報によれば、1988年以降、少なくとも158人が獄中か釈放直後に死亡しているから、笑えないジョークなのである。[7]
支援協会の獄房には、鉄の足枷《あしかせ》も再現され、展示してあった。鉄製の太いチェーンのようなもので、ずっしりと重い。両端に輪があって、そこに足首を入れる。加えて、両足の輪が短い鉄棒でつながれて歩きにくくされたり、50センチほどの棒でつながれて足を広げたままにされたりすることがあったという。[8]
逮捕されると、尋問され、殴打や電気ショック、皮膚をはがされるといった拷問を受けた[9]というのだが、拷問されながら、頭の中はフル回転だった、と元政治囚はいう。尋問には嘘で応じるが、同じ問いが繰り返されるから、その嘘を覚えておかねばならないのだ。
「2人がかりでボコボコにされて血だらけにされながら、どう答えたかを必死で記憶する。危ないのは、ちょっと寝ちゃって起こされたときだ。3日間寝かせてもらえず、これで終わりといわれて、ちょっと寝かされて起こされたときが危ない。ついしゃべっちゃう」
彼は1週間拷問された。24時間は耐えて仲間の名前をいわないことが暗黙の了解事項だったと彼はいう――仲間が逃げる時間を稼ぐためである。

column 1

闘うコメディアン

お笑い界の大御所、ザーガナーの本名はトゥーラ（勇者）。ザーガナーは、ビルマ語でピンセットを指す芸名だ。恐怖で逆立つ髪の毛があれば、ザーガナーで抜け、という諺がビルマにある。ザーガナー本人は、髪をきれいにそってつるつるである。

独裁下で彼は、舞台に立つことを禁じられ、代わりに、コメディー映画を何本も作った。映画作りが許されたのは、映画なら政府が事前に検閲できるからのようだった。彼の映画は、検閲でカットされたり、タイトルを変えられたりしたが、1990年代の貸しビデオ店で大人気だった。

ザーガナーと並ぶコメディアンに、パパレイ率いる3人組「口髭兄弟」がいた。「兄弟」のうち、パパレイと彼のいとこのルーゾーは、1996年のビルマの独立記念日に、アウンサンスーチーの自宅の庭で催された式典で公演した後、5年間投獄された。釈放後は公演を禁じられたが、マンダレーの自宅で、外国人観光客を相手にジョークを飛ばしてきた▶10。

パパレイの2013年の死去後も、残るメンバーが自宅でのショーを続けているらしい。15年7月のアメリカの新聞に、ショーの記事があった。外国人客にジョークを飛ばしていた。

「私たちには、薬も教育もありません。政府以外はみんな飢えています。彼らは、持って行っちゃうのが大好きなのです。だから、みなさんは、ビルマにおいでになったら、盗んではいけません――政府は、競争が嫌いですから」▶11

こんな人たちがいたからこそ、独裁下でも、自由のすき間がこじ開けられて、僕のような外国人記者がのこのこ出かけて行っても、話を聞かせてくれる人に出会えたのだと思う。

ときには、取材に応じた証拠が残ることを恐れて、僕にメモを取ることを禁じ、記事に名前を書くなと念を押しながらも、口を開く勇気を奮い立たせる人たちがいたのだ、と思う。

2 学生も教師も投獄された

こんな獄房や足枷を前にすると、疑問がむくむくとふくらんでくる。なぜ彼らは、これに耐えることができたのだろうか。どうやってこの弾圧から立ち上がってきたのだろうか。

『1984年』の世界だけでなく、現実の国、ビルマのほかにも、例えばかつての日本が「軍部独裁」「軍国主義」といわれた国だった。

日本は、1868年の明治維新から大正デモクラシーへと移り、1925年（大正14年）に、税金を多く納める男限定だった選挙権を25歳以上の男に広げる普通選挙法を成立させた。同時に、言論弾圧に使われることになる治安維持法を制定した。29年には世界恐慌が起きる。日本は、31年に満州事変を始め、中国東北部に満州国を「建国」した。

青年将校が率いる部隊が首相官邸を襲った36年の「二・二六事件」は起きたが、日本では、ビルマのようにはクーデターは成功しなかった。だが、軍の指揮権である統帥権は独立しているとされて政府が口を出しにくい、軍が陸海軍大臣を出さなければ組閣できない、等々をもとに軍の力が大きくなり、戦争を支持する――少なくとも反対しない――メディアや政治家、国民も現われて、さらなる戦争へと日本は傾いて行く。

37年、北京郊外で夜間演習中に起きた盧溝橋事件から中国との全面戦争に入った。この日中戦争を終わらせることができない政府と軍に対して、40年2月の衆院本会議で「聖戦の美名に隠れて、国民的犠牲を閑却し……曰く共存共栄、曰く世界の平和、かくのごとき雲を掴むような文字を列べ立て……国家百年の大計を誤るようなことがありましたならば」と演説した斎藤隆夫は、多数決で議員を除名された。除名賛成296、棄権・欠席144、わずかに7人だったが、反対票を投じた。[1]

45年の敗戦までの20年間で7万人が治安維持法で検挙された。[2] 拷問や虐待などによって500人以上が亡くなったとされる[3]――『蟹工船』を書いた小林多喜二は33年に逮捕されて拷問されて殺され、「手と足をもいだ丸太にしてかへし[4]」と川柳で戦争の正体を暴いた鶴彬《つるあきら》は37年に捕まって赤痢にかかって没した。「死ぬ日まで天を仰ぎ／一点の恥じ入ることもないことを[5]」とうたった詩人で、同志社大学生の尹東柱《ユンドンジュ》は45年2月に福岡刑務所で絶命した。

45年8月、日本が、アメリカ、イギリス、そして中国との戦争を終結できたときには、すでに原爆二つを落とされ、ソ連が参戦していた。

時代も条件も異なるから単純には比べられないが、かつての大日本帝国やナチス（国民社会主義ドイツ労働者党）政権のドイツがたどった破局への道とは異なる道をビルマは歩んでいるようだ。

世界を見渡せば、いま、この時代にも、独裁国が存在する。

政治囚は7000人以上

なぜ、ビルマは民主化へと動き出すことができたのだろうか。

アウンサンスーチーら民主派の人々は、軟禁、投獄されると政治囚と呼ばれるようになるのだが、その人数は正確にはわからない。独裁政府の見解は長らく、政治囚は存在しない、だった。政治を理由にした逮捕ではなく、ただの法律違反だということだ。独裁が始まった1962年以降、7000人から1万人が政治囚として投獄されたはずだという政治囚支援協会などの推測があるだけだ[6]。

民主派の政党や団体をみれば、88年設立のスーチーの国民民主連盟には300万人近くが加入している[7]。ほかに、学生組織の全ビルマ学生連盟連合や、学生らが作った新社会民主党がある。少数民族の団体もある。民主連盟より一桁か二桁は少ないと思われるが、それらに加わった人たちがいる。

しかし、人口5000万人の国だから、民主連盟の300万人という党員数も、全体から見れば多いとはいえない。だがこれは、政党や団体に所属して民主化を公然と支持する人たちがこの程度いれば、他の人々を引っ張って、運動を持続できたということなのだろう。

民主派の人々には別の道があった。政府側から誘いがあったという。

政府側に情報を流す密告者、つまりスパイになれば、家の借金を肩代わりしてやる、と誘われた学生活動家は、それを断って投獄された。

別の活動家も、密告者になれば釈放してやるといわれたが、拒否した。

「密告者になる人の気持ちはわかる。怖いから。私も怖いからそれはわかる。だから、彼らの悪口はいわない。悪いのは、人をそういう風にする世の中だ。私は、それを変えたかった」

彼は、4年間投獄された。

一方で、軍の士官学校に入る若者がいた。ビルマ軍の兵力は30万人とも40万人ともいわれる。一般の公務員も含めれば、多くの人たちが独裁政府のために働いていた。事業を興す人もいた。将軍らの子弟や知り合いといわれる人がそうした人たちの中にいた。独裁下の最貧国に、なぜか高級車があり、大きな屋敷に住む人たちがいた。

もしビルマに生まれていれば、僕も自信はない。90年代半ば、親しくなった情報省や外務省の職員がこぼしたものだった。「私の省は、副大臣も局長も元軍人だ」「軍は命令することしか知らない」と。しかし彼らも、それを大きな声でいうことはできず、かといって、役所を辞めるわけにもいかないのだった。最貧国で職を見つけるのはむずかしい。僕が彼らなら、やっぱり同じように勤め続けただろう。

どうして民主派の人々は、政府に抗い続けることができたのだろうか。それも、いつ終わるかわからない長い民主化運動だったのである。元政治囚に聞いて回ることにした。

「国は作り変え可能です」

政治囚支援協会の、この暑いのにエアコンもない通路の一番奥のパソコンの前にいつも座っている協会のＩＴ担当、アウンミョウテインに尋ねると、彼はいった。

「１９８８年、１９９２年、２００８年、２０１０年と、少しずつ変わってきたではないですか」

「８８８８」デモのときにラングーン大学数学科の2年生だった彼も、89年から6年余り投獄された。彼がいうのはこういうことだ。

１９８８年には、3月から「８８８８」に至る一連のデモが起き、ビルマ社会主義計画党に代わる、政府の新たな意思決定機関として、国家法秩序回復評議会が作られた。一党独裁から、軍が政権を直接握る独裁となったのだが、62年から26年間、計画党議長として最高実力者の座にあったネウィン元将軍を退陣させた。

独裁政府は、「８８８８」デモ弾圧と同時に、総選挙を行うと宣言し、政党の結成を容認した。そのとき、88年9月に、アウンサンスーチーらによって設立されたのが国民民主連盟だ。政府は、翌89年7月にスーチーを自宅に軟禁し、そのまま90年5月に総選挙をした。結果は、民主連盟の圧勝である。ビルマ社会主義計画党の後継と目された政党は惨敗した。ところが政府は、この結果を無視して、民主派を逮捕し、スーチーを軟禁し続けた。ここは、政府の変化というより居直りだった。

92年には、88年に軍が政権を直接掌握して以降、国家法秩序回復評議会議長を務めていたソーマウン将軍が退いた。タンシュエ将軍が引き継いだ。

２００８年には憲法が制定された。言論の自由を保障した独立時の憲法は１９６２年のクーデターで無効とし、社会主義社会を目指すと定めた74年制定の憲法は88年に無効にしていた。そこで、独裁政府のもとで、２００８年に新たに作ったのである。概要はこうだ。

59条　大統領になる人は政治、行政、経済、軍事に通じていることが必要。親や配偶者や子どもが外国籍を持っていてはならない。

１０９条等　国会（上下両院）、地方議会の議席の４分の１を軍人に割り当てる。

２３２条　国防、内務、国境担当大臣を任命する際は、軍司令官が軍人を指名し、その指名簿を大統領は受け取る。

４１８条等　国が分裂しそうな非常事態が起きれば、軍司令官に全権がゆだねられる。

４３６条　憲法改正には、国会の４分の３以上の賛成が必要。

つまり、イギリス人と結婚し、息子がイギリス国籍を持つアウンサンスーチーは大統領になれず、治安を司る役所は軍人が担当し、再び軍が政権を握る可能性がある、ということだ。しかも、これを改正するには、４分の１の議席を持つ軍の同意が不可欠だ。

要するに、軍は、政府の統制下にはまだ完全には入らない、ということである。

この新憲法のもとでの最初の総選挙が10年11月に行われ、国民民主連盟はその選挙をボイコットしたが、国会が一応はできた。そして、スーチーが当選した12年の補欠選挙を経て、新憲法下では2回目となる15年11月の総選挙で民主連盟が圧勝し、政権交代した。

国内の民主化運動に加えて、投資や貿易を制限する経済制裁を欧米がビルマに科したのをはじめ国際社会も働きかけてきた、それらに押されて、少しずつ独裁政府は変化してきたではないか、とアウンミョウテインはいう。その変化を自分の目で見て、勇気づけられてきたというのである。

しかし、この新憲法を見れば、政権交代は成し遂げたものの、この先の民主化も相当むずかしそうだ。ビルマの将来は、おそらくまだ半分は軍の手の中にある。

それでも、アウンミョウテインには確信があるようだった。

「彼らは変わるしかないのです」

別の元政治囚はこういった。

「あなただって、同じことが起きれば、民主化運動に加わったと思うわ」

11歳の息子を持つ元政治囚の言葉はこうだった。

「子どもを同じ目に遭わせるわけにはいかないからね。きっと、次の世代のために犠牲になる世代というのがあるんだよ。日本にもあっただろう?」

ある日の午後、政治囚支援協会のパソコンの前にノーブルエーがいた。彼女に尋ねると、ゆっくりと言葉を選びながらこう語るのだった。

「民主主義は、人々による、人々のためのものでしょう? 人々の力で得るものでしょう?」

まったく彼女のいう通りで、その通りに彼女は生きて、22歳から36歳までの14年間のうちの11年余りを獄中で過ごしたのだ。

投獄され、亡命すれば、それは、家族と別れ、故郷を離れるということだった。その悲しみが彼女ら彼らの心には沈んでいて、それをぽろりと話してくれることもあった。

アウンミョウテインは、妻、小学生の息子と離ればなれになってもう5年になる、といった。タイの田舎では、姿の見えぬ鳥が「ホーエヨー」と鋭く高く何度も鳴く。ビルマでは「オウオー」というんだ、鳴いて家族を探しているんだ、とアウンミョウテインはいった。彼から話を聞く間もよく鳴いた。「オウオー」と始終聞こえて来た。

それでも、彼らは踏みとどまった。

聞いて回るうちに、僕は気づかされた。

彼らにはよくわかっている。国というものは人が作るものだから、当然、作り変え可能である、と。それを彼らは知っている。というより、肌でわかっている。つい忘れがちだが、国は自然の産物ではなく、人が日々手を入れている作り物だ。当たり前のことだから彼らはわざわざ口には出さないが、彼らの共通の前提がそれだった。

歴史をさかのぼれば、ビルマの人々は、国を作り変えた実績のある人々だった。

アウンサン将軍も学生活動家だった

独立の英雄アウンサンも、元はラングーン大学の学生活動家だ。大学の学生同盟の機関誌の編集をし、後には学生同盟議長を務めた。

そこからアウンサンは、政治団体「われらのビルマ協会（タキン党）」の書記長になって独立運動を続け、第二次大戦が始まると、仲間の1人とともに、独立への支援を求めて中国の厦門《アモイ》に向かった。デモやストライキに加えて、武器を入手して武力闘争を始めようと考えたのだ。１９４０年8月のことだった。しかし、中国共産党とは接触できず、日本軍に見つかって日本に連れて行かれた。

37年に始まった日中戦争がまだ続いていた。中国は、「援蒋ルート」（蒋介石政権への補給路）を通じて連合国から武器や弾薬の援助を受けて戦っていた。四つあったそのルートの中でも、「ビルマ・ルート」（ラングーンから中国に延びる鉄道と道路）は、推定月間1万トン（40年6月）が運ばれる2番目に太い補給路だった。日本がビルマの独立運動を支援し、ビルマをイギリスから独立させて、そのルートを遮断する案が作られた。

アウンサンの仲間たちもビルマを脱出した。アウンサンをはじめ「30人の志士」として語り継がれる30人である。彼らは、日本が占領していた中国の海南島で日本軍から軍事訓練を受け、41年12月に日本がイギリス、アメリカと開戦すると、バンコクに移ってビルマ軍を結成した。そして、日本軍とともにビルマに攻め入った。

そのとき、日本軍の指揮官は布告を出し、それがビルマ語でラジオ放送された――親愛なるビルマ千五百万の民衆に告ぐ……日本軍のビルマ進撃の目的は……英国勢力を一掃しビルマ民衆を解放して、その宿望たる独立を支援しもって東亜永遠の安定確保と世界平和に寄与せんとするに他ならぬ……必勝不敗の大日本帝国軍は諸子と共に進軍す、進め必勝の確信の下に。▼8

ビルマ軍には志願者が押し寄せて、1万人とも5万人ともいわれる兵力を持つようになる。半年ほどでイギリス軍はインドに退いた。「ビルマ・ルート」は遮断された。

だが、そこまでだった。43年8月に日本はビルマの独立を認め、アウンサンは新ビルマ政府の国防大臣になったが、形だけの独立だった。独立と同時に軍事秘密協定が結ばれた。行動の自由を日本軍は保有する、ビルマ政府は日本軍に便宜供与する、ビルマ軍は日本軍の指揮下に入る、と定められた。これでは、ビルマ政府に自由はない。

そのころ、ジョージ・オーウェルは、イギリスのＢＢＣでインド向けの放送を担当していた。日本がイギリスと開戦すると、週に1度の戦況解説放送を始める。

「日本の軍事力は強大ですが、短期の勝利しか望めません。枢軸３国（注・日本、ドイツ、イタリア）は年に６０００万トンの鉄を造れますが、アメリカだけで８８００万トンを造れるのです……日本は年に７００万トンしか造れません」（41年12月20日）

「インドはイギリス側につくしかないのです。ドイツや日本が勝てば、インドの独立はかなり先延ばしにされるはずだからです」（42年5月16日）

最後となった43年３月13日の放送はこう締めくくられた。

「日本がインドや他の国に聴かせる宣伝に対する最良の回答は、わずか三つの単語で足りるようです。ルック・アット・チャイナ。この週刊解説を終えるに当たり、この三つの単語、ルック・アット・チャイナが、私がインドにお届けできる最後の、最良のメッセージだと信じております」[9]

中国での日本軍の行為を見よ、と警告したのである。現に、日本側についたアウンサンらが、この放送の5か月後に手にしたビルマの独立は名目だけでしかなかった。

そこでアウンサンは、日本軍を相手に戦い始める。45年3月、日本軍に対して反乱を起こした――オーウェルの放送をアウンサンが聴いたかどうかはわからない。終戦直後の演説の中でアウンサンは、日本に連れて行かれたときに日本軍将校の朝鮮人への侮蔑を見て、なぜ朝鮮人が独立を求めているかがただちにわかった、と述べている。[10]

日本軍は、44年3月に始めたインパール作戦を7月に中止、同じころ、太平洋ではサイパン島の守備隊が全滅していた。11月には爆撃機B29の日本空襲が本格的に始まって、もはや日本に勝ち目はなかった。

45年8月に戦争が終わると、アウンサンは政治指導者としてイギリスに行って交渉し、協定（アウンサン・アトリー協定）を結んでビルマ独立への道筋をつけた。憲法が作られて48年1月にビルマは独立するのだが、その半年前にアウンサンは政敵に暗殺された。[11]

それから40年が経って、88年8月、「８８８８」デモが始まった。そのとき突如として、長く外国に暮らしていたその独立の英雄の娘、アウンサンスーチーが人々の前に現れた。
彼女も、アウンサンの娘であることを自覚していた。最初の演説で、「この国難は、第二の独立闘争と呼びうるものです」と宣言したとき、父親の言葉を引用した。
父が民主主義について語った言葉を読み上げます、と前置きして。

「私たちは、民主主義を人々の信条としなければならない。その信条と合致する自由なビルマを築かねばならない。もしそれに失敗すれば、苦しむのは人々だ。もし民主主義が実現できなければ、世界から支持は得られず、傍観されるだけとなり、いつかビルマは、日本やドイツのように軽蔑されることになるだろう。民主主義こそが自由と両立するただ一つの思想なのだ。それはまた、平和を促進し、強める思想でもある。それゆえ、その思想をこそ、私たちは目指さねばならない」

「これが父の言葉です。父の後を引き継いで、自由と民主主義を目指すこの闘いに私が加わる理由は、ここにあります▼12」

父親の言葉通り、民主主義を信条として彼女は生きた。89年以降、3回計15年間自宅に軟禁されても、それは変わらなかった。99年にはイギリス人の夫が前立腺がんを患ってイギリスで亡くなったが、そのときもビルマを離れなかった。遊説先で兵士に銃を向けられても前へと歩き続けた。

スーチーの身近に、人々の犠牲はあった。

彼女とともに国民民主連盟を創設したジャーナリストのウィンティンは、彼女の最初の自宅軟禁の開始と同じころに逮捕されて、そのまま19年間投獄された。彼女と異なり、一度も釈放されることはなかった。

ラングーンの美しいインヤー湖畔にある彼女の自宅で、彼女が自宅軟禁に処されていないときに護衛や事務をする人たちの中にも、投獄され、拷問された人がいた。

2003年5月30日の夜には、地方遊説中の民主連盟一行が、北部のディペーインで正体不明の集団に襲われた。殴打され、70人が殺されたといわれる。一行の中にスーチーもいた。彼女が乗っていた車も襲撃されたが、彼女の車は走り抜けて逃げ切った。[13] なぜ襲ったのか、彼女まで殺すつもりだったのか、「ディペーイン事件」の真相は解明されないままだ。

そして、彼女が父親の言葉を語ったように、学生活動家も、1920年のラングーン大学でのストライキに始まる抵抗の精神を私たちは引き継いでいる、と語るのだった。アウンサンらが指導したビルマ独立運動の中、デモに加わって38年に騎馬警官隊に警棒で殴り殺された大学生アウンジョーの名前を織り込んだ歌を「8888」デモで歌ったという――アウンジョーはデモで死んだ、自分たちがデモで殺されるとき、革命が始まる、と「セイリング」のメロディーにのせて歌いながら、歩いた。

「知性を磨け」「本を読め」とアウンサンスーチーはいった

しかし、いったいどうすれば、デモに銃撃で応じる独裁政府を倒すことができるのだろうか。

1991年7月、欧州議会の「思考の自由に贈るサハロフ賞」をアウンサンスーチーが受賞したときに、自宅軟禁中の彼女に代わって、夫のチベット研究者マイケル・アリスが公表した彼女のエッセイ「恐怖からの自由」にそれが書かれていた。

革命の真髄は、精神の革命にあります。国が進む方向は、人々が心を何に向け、何を大切にするか、ということから形作られます。心を何に向け、何を大切にするか、そこに変革が必要だと人々が理解し、確信することによって精神の革命は生まれます。衣食住を改善するために、ただ政策や組織を変えることを目指すだけの革命では、本当の成功はまず望めないでしょう。精神の革命がなければ、古い秩序のもとで不正を生んだ力が残り、それが改革と再生を脅かし続けることになるでしょう。[14]

この19年後、計15年間の自宅軟禁を経た後も、彼女の言葉は変わらない。2010年11月のアメリカの新聞『ニューヨーク・タイムズ』にこう語っている。

「私たちが求めるのは、価値観の転換です」

「たとえ政権が交代しても、基本的な価値観が変わらなければ、その政権がまた交代し、次の政権が再び交代し、ということが続くだけでしょう[15]」

精神の革命。価値観の転換。難題である。どうすればそんなことができるのか。

「８８８８」での最初の演説から翌１９８９年7月に1度目の自宅軟禁に処されるまでの1年足らずの間に、スーチーは１０００回近く演説している。その演説のいくつかに、イギリスのオクスフォード大学で学んだ読書好きの彼女らしい言葉がある。

「常に知性を磨かなければなりませんし、自分を変えなければならない時には、変えることができる能力を持たなければなりません」

「私たちの父母は、本を読むことができるように、学校へかよわせてくれています。本を読むことができる年令に達したならば、良い本を読まなければなりません。良い本を読むことによって、自分を変えることができるようにならなければなりません。自分の仲間も変えてあげることができます。しまいには、自分の民族や国までも変えることができるのです」

（88年12月13日、国民民主連盟カマユッ郡第3地区支部開所式における演説[16]）

「教養があるから批判できるのではありません。私たち全ては、本を読むから批判することができるようになるのです……ただ知ろうとするのではなく、考えるために読んでください。単に知るだけではなく、これは正しいのか、この問題についてはどのように検討し、どのような見解なのか、自分自身で考えてください」

（89年1月28日、国民民主連盟チャウタダー郡支部開所式における演説）

軟禁の直前にはこう説いた。

「若い皆さんは、現在、政治活動をしている大人たちを見て、批判し学んでください。批判し学ぶということは、大人たちを侮辱するためではありません。非難したいからでもありません。自分自身が教訓を得るためです」

（89年7月7日、国民民主連盟青年部に対する演説）

勇気を持て、とも訴えた。

「人権を護っていくということは、一人一人の責任です……勇気をもって自分の権利を護ってください」

（89年2月19日、国民民主連盟タッコウン町支部における演説）

民主化の価値も語った。

「この世界中で、豊かな国、本当に発展した豊かな国は、民主的な国家だけだ……したがって、まず最初に正しい政治体制、正しい統治制度を、私たちは創出しなければなりません」

（89年5月7日、カチン州バモー町ティンドージー僧院での演説）

知性を磨け、本を読め、自分を変えろ、と説いている。

言葉を換えれば、これこそが、精神の革命、価値観の転換への入り口である。

こう説くのはスーチーだけではない。

女性にも教育をと唱えて、頭に銃弾を撃ち込まれた2014年のノーベル平和賞受賞者、パキスタンのマララ・ユスフザイは、国連でこう演説している。

「1人の子ども、1人の教師、1冊の本、そして1本のペンが世界を変える」[17]

囚人仲間から学んだ？

しかし、そんなことが本当にできるのか。

独裁下のビルマは、しかも、その本が検閲される国だった。本や雑誌は肝心なところが削除されている。議論をすることもできなかった。

「密告者がたくさんいる。運転手、ウエイター、物乞い……」

「あなたもきっと見られている」

人々はそういって恐れていた。それが日常だった。

知性が花開く場であるはずの大学はといえば、何度も、ときには何年も閉鎖された。学生が大学に集まればデモに出るからだといわれた。

ところが、そんな独裁の下でも、人は知性を磨こうとしているらしかった。

バンコクに2年余り駐在した後、1996年に大阪に転勤してからも、僕はビルマの行方が気になって、ビルマのニュースには勝手に目が行った。

ある日の『ニューヨーク・タイムズ』の記事に、意外なことが書いてあった。記者の取材に、ビルマの元政治囚、ボーチーが英語で応じて書かれた記事なのだが、ボーチーはその英語を刑務所で習得したらしいのである。

「ボーチーは英語で『それを知って、とても悲しくなった』といった。ビルマ語・英語辞典を暇つぶしに暗記した囚人仲間から学んだ英語だった」[18]

2009年1月17日の記事だった。

ビルマの刑務所は読み書き禁止のはずだった。1990年に投獄された元政治囚が、うらめしそうに回想記に書いている。ビルマにあるすべての本が厳しく検閲されているにもかかわらず、読書は禁じられていた、と[19]——そこで学んだ?

メーソットの政治囚支援協会についての記事だった。ボーチーは協会の創設者の1人だ。記事には、書籍や薬を囚人の家族がひそかに囚人に届けることができるよう、協会が手助けをしている、とあった。看守が同情してくれたり、わいろと引き換えに助けてくれるのだということ。だから、獄中に書籍を届けることが可能だったらしいのだが、それでどれほど学べたのだろうか。

南アフリカのロベン島の刑務所に1964年に送られたネルソン・マンデラは、囚人は高校や大学の通信教育で学ぶことができ、「夜には、私たちがいる棟は自習室のようになった」[20]と自伝に書いているが、ビルマの囚人は読み書き禁止だったのである。

ビルマでは、長い交渉の末に99年5月、ジュネーブの赤十字国際委員会が刑務所を訪問し、囚人に面会することを独裁政府が受け入れた。[21]密室に第三者が入り始めるのである。元政治囚によれば、赤十字が数か月ごとに来るようになってから、身体を洗う水浴びの時間が10分から15分に延長されるなど、生活環境が徐々に改善された。

読書も少しずつ許されていった。政治囚は、90年に釈放されて94年に大統領となるマンデラの自伝『自由への長い道』、アメリカ大統領オバマの自伝から、村上春樹の『海辺のカフカ』の英語版も読んだ。[22]

『ニューヨーク・タイムズ』の記事に、ボーチーは10年前に釈放されたとあるから、釈放は99年ごろ。赤十字がようやく刑務所に入り始めたころである。ボーチーが刑務所にいたころは、読み書き禁止だったはずである。

本人に会って、尋ねてみた――いったい、どうやって勉強したんですか？

ボーチーは暗い目をしていた。獄房の壁をまだ見ているかのような暗い目である。とつとつと彼は語り出した。

「大学の講師から教わった。歴史学の講師だった」

ボーチーがいた獄房の隣の房に、たまたま大学講師が入れられて来たのである。水浴びのために房を出されたときに、隣の房の前に1、2分間行って教わった。筆記には、レンガのかけらを使った。レンガを使って建てられた古い刑務所に入れられていたのだ。それで床に書いた。

「医者になりたいです、サッカーをするのは健康にいいです、そんな英作文から始めた。基礎からだ。大学の最終学年にいたけれど、英語がよくわからなかったから」

教室は監獄の野菜畑

そもそも、ボーチーはなぜそんなところで英語を勉強しようと考えたのだろうか。

そう尋ねると、彼は、後悔から話し始めた。

「8888」デモが起きたとき、ビルマ文学専攻の23歳のラングーン大学生で、学生組織の指導部にいたボーチーは、外交官や外国人記者に会うことになった。ビルマに駐在する各国の大使館の外交官や、運よくビルマに入国できた記者は、ついに独裁が倒れるのかと情報収集に躍起だったはずだ。一方、ボーチーら民主派は、ビルマで何が起きているかを国際社会に訴えなければならない。

ところがボーチーは、英語ができなかった。

「英語がしゃべれたら、ビルマで何が起きているか、多くの人に話せたのに」

ビルマのような、大国ではない国を専門にする外交官や外国人記者は限られる。とくに外国人記者は複数の国を担当するのがふつうで、ビルマ語ができる人はわずかしかいない――申し訳ないことだが、僕も手が回らなかった。東南アジアの国々の間では、政治家や官僚、非営利団体のメンバーも共通言語は英語で、この地域での取材にはまず英語が必要なのだが、その英語にさえ、僕はいまも難儀している。

だから、ビルマ人が世界に向けて声を上げるには、その道具として英語が必要だったのである。

ボーチーは、1990年3月に、政治囚の釈放を求める200人余りのデモに加わって逮捕され、3年間投獄された。

逮捕直後は、36時間飲食なし、4日間睡眠なしだった。尋問され、殴打された。8日間目隠しされたまま、日の光を見ることがなかった。刑務所に送ると聞かされたときには、これで拷問から解放されるとほっとした。同時に、MIの少佐が放った言葉で目が覚める。釈放されるころには、お前は役立たずになり果てているだろう――少佐は、ボーチーにそういったのだ。

ボーチーはいう。

「狭い獄房の中で、本もなく、書くことも許されず、人はそうなってしまうということだった。彼らは、肉体の代わりに知性を抹殺するつもりだった。それが彼らの狙いだった」

では、どうすればいいか。

6畳ほどの獄房を歩き回って、ボーチーは考えた。目の前にあるのは、トイレ容器、毛布、竹のマット、水のつぼ、それだけである。それでも彼は、英語を勉強しようと決意する。

その2か月後、隣の房に、母校のラングーン大学の講師が入れられた。

ボーチーが送り込まれたのは、ラングーン近郊にあるインセイン刑務所だった。パンソダン通りの街並みと同じように、イギリスに支配された時代にレンガで建てられた古い刑務所である。

上から見ると、中心に塔、そのまわりに車輪のスポークのように、細長い棟がいくつも並んでいる。棟の中には、房がずらりと並んでいるはずである。インセイン中央刑務所とここは呼ばれる。この円形の敷地の隣に正方形の敷地があって、そこにも数棟ある。ここは別館と呼ばれる。円に四角がくっついて、日本の前方後円墳のように見える。ラングーン空港を飛び立つ飛行機からよく見える。5000人が収容できるといわれる。

このインセイン刑務所にボーチーがいたのは3か月足らずだった。そこから、北部にあるビルマ第二の都市マンダレーの刑務所に移された。大学講師から教わることができたのは1か月に満たなかった。

だが、そのマンダレー刑務所でも、ボーチーは教師を見つける。英語教師が本職の政治囚だった。

ボーチーは70人収容の広い房に入れられたのだが、そこにその英語教師もいた。その房では、朝7時から正午まで、そして午後2時から5時まで、房の扉が開放された。その間、房の外に出ることができた。外は野菜畑だった。囚人が刑務所の敷地でナスやキュウリを作っていた。ボーチーはそこでその英語教師から授業を受けた。2人でしゃがみ込んで、地面に棒で書いて英文法や英作文を教えてもらった。ボーチーは、教わったことをひたすら覚え込み、忘れたらまた教師に尋ねた。1年半後に教師が釈放されるまで、そうして勉強した。

辞典を暗記した政治囚にも、ボーチーはその刑務所で出会った。その政治囚は、「8888」デモで逮捕されて北部のバモー刑務所に入れられ、そのときに辞典を暗記したのだという。そのころバモー刑務所では、寛大にも辞典の所持が許されていたらしい。

マンダレー刑務所のボーチーたちにも、英語辞典や宗教書、雑誌の所持が許された時期があった。差し入れてもらって読むことができた。しかしそれも、他の刑務所で脱獄騒ぎがあったらしく、半年ほどで禁じられた。それでも彼らは、本を畑に埋めて隠し、扉が開放されると掘り出して野菜の陰で開いたという。

それまで僕は、元政治囚から、日に23時間は房に閉じ込められ、出られるのは、トイレ容器の中身を捨てるときと水浴びのときだけだったと聞き、そんな記事もいくつか読んで、そんなものだと思っていたのだが、刑務所や房によっては、扉が開かれたり、読書が許されたりすることがあったのである。

ボーチーはニッと笑ってみせる。

「政府に感謝したいよ。英語ができる人も逮捕してくれたからね」

そして、これから投獄される人に助言するようにいうのだった。

「教えてくれる人を見つけ出すことが大事なんだ。教えてくれる人がいたら、それがどんな人であろうと、私は教わりに行った」

英語教師の誕生

ボーチーは、3年間投獄されて1993年に釈放されたが、翌年にまた逮捕されて4年間投獄された。またインセイン刑務所だった。

そのときには、ボーチーが教える側に回った。釈放後も勉強を続けて、教えられるほど上達していたのである。

ボーチーは、房をいくつか移動させられたが、比較的自由に過ごせたのが、大きな房が八つある棟に入れられたときだった。そこには、全部で1000人が収容されていた。ほとんどが、政治囚ではなく、通常の犯罪で投獄された囚人だった。その棟では、以前のマンダレー刑務所と同じように、八つの房の扉が昼間は開放された。

扉が開かれると、他の房の政治囚や通常犯罪の囚人が、ボーチーの房に授業を受けに来た。ボーチーは、初級、中級、上級と、5、6人ずつ3クラスに分けて教えた。

「アイ・ワント・トゥー・ビー・ア・ドクター」

「アイ・ワント・トゥー・ビー・ア・カーペンター」

と、単語を入れ替えて練習させた。否定や受身の形を作らせた。

1年間教えたところで、彼は、反抗を企てていると疑われた。

彼はただ、62年7月7日にラングーン大学で独裁に抗議して射殺された学生たちをしのんで、若い世代の囚人や少数民族の囚人と7月7日に語り合おうと考えただけだったという。ボーチーに限らずビルマの民主派の人たちは、7月7日以外にも、「8888」の8月8日や、88年の一連のデモでの最初の犠牲者、大学生ポンモーの命日の3月13日といった日をとても大切にするのである。

ボーチーは別の棟に移され、2週間、朝夕、ゴムの棒で背中をたたかれる罰を受けた。しかしそこでも、近くの房に4人のカメルーン人が投獄されて来ると、英会話の相手になってもらった。偽札か何かにかかわって投獄された人たちだったらしい。

「カメルーンはどこにあるの?」「どんな伝統を持っているの?」とボーチーは尋ねて、英会話を練習した。房の扉越しだった、とボーチーは鉄格子を両手でつかむ仕草をする。

――勉強していたのはボーチーだけではなかったのである。しかもそれは、引き継がれてきたことだった。マンダレー刑務所の野菜畑で、地面に棒で書いてボーチーに教えてくれた英語教師は、古くからの民主派の活動家だった。教師は、ボーチーにこう話した。

私は前にも投獄されたことがある。78年から2年間だ。まだ学生だった。そのときに私も、政治囚仲間から英語を教わった、と。

ボーチーは98年10月に釈放されたが、その後も英語を教えて暮らすことになった。政府から目をつけられている元政治囚の彼を雇ってくれるところなどなかったからだ。彼は、高校生たちの英語の家庭教師をした。英語だけでなく、「人はすべて、生まれながらにして自由」とうたう、48年の国連総会で採択された世界人権宣言も教えた。

1年後、そんな日々も終わる。友人数人が逮捕され、ボーチーにも逮捕の危機が迫った。99年9月、彼はタイに逃れ出た。

自由があるタイのメーソットで彼は、「８８８８」ではできなかったことを始める。８人の元政治囚と一緒に２０００年3月に政治囚支援協会を設立し、外国人記者の取材に英語で応じるようになる。

独裁と日本の援助と

政治囚支援協会の獄房の前の日陰には、国内外からの訪問者を迎えるために、いすとテーブルが置いてある。僕もそこで元政治囚たちから話を聞いた。

ある日、そこに先客がいた。ビルマの若者が本を広げていた。

「故郷はどこ?」

「ラングーンです」

「勉強しているの?」

「英語を勉強しているんです。タイの大学に入りたいんです」

英語を勉強し始めたばかりといった感じの彼とそんな話をしていると、知り合いの元政治囚が事務室から顔を出した。

「彼も投獄されていたのよ。戦場に送られて地雷を踏んだのよ」

ハッとして彼の足元を見ると、ジーンズからのぞく彼の左足は義足である。

数千人の囚人を毎年、軍の荷物運びに使役している、と赤十字国際委員会が2007年にビルマ政府を非難していた。[23] 同じくジュネーブにある国際労働機関の調査委員会は、人々が荷物運びをやらされて、地雷原と思われるような危険なところで前を歩かされている、と1998年に指摘していた。[24]

政府軍と少数民族組織との長い内戦の間に多くの地雷が埋められ、不発弾が残され、それによる死傷者は2014年までの16年間だけで3745人にのぼる。この1割が死亡している。14年の死傷者251人のうち、10人が男の子、2人が女の子、17人が女性だったという。[25]

握りこぶしほどの大きさの安価な対人地雷が足を吹き飛ばす。殺すのではなく足を吹き飛ばせば、その兵士の救出に2人は必要になるから、敵の兵力を3人削げる。地雷はそういって呪われていた。

義足の彼を前に、僕は何といっていいかわからなくなってしまった。明るい未来の話から、急に現実に引き戻されたのである。

日本は、多額の政府開発援助をビルマに注ぎ込んできた国だった。1955年からの第二次大戦の賠償に始まって、「8888」デモが起きた88年までに日本は、トラックや農機具製造などの工業化プロジェクト、精米所の建設、セメント工場などに計5000億円を超える援助をした。[26] ビルマにとって最大の経済援助国が日本だった。

「8888」デモが起きて援助は停止されたが、デモ弾圧から半年後の翌89年2月に、軍が権力を握る独裁政府を承認し、援助再開の動きを見せたのがまた日本だった。

ビルマの民主派の人々からは、援助が独裁を延命させた、という声が上がっていた。再開反対が唱えられた。学生活動家に僕は詰め寄られたことがある。戦争中、日本のファシズムに人々は苦しんだ、独裁政府を助けてまた人々を苦しめるつもりか、と。

目の前の若者が本当に刑務所から戦場に送られたのか、裏付け取材をしない限り、僕には確証はない。だが、政治囚や、戦火から逃れた多くの難民が苦境にあることは動かしようのない事実だ。独裁が早く終わっていれば、政治囚の数はそれだけ減ったはずだった。内戦も終息したかもしれない。そうなっていれば、埋められる地雷の数も減ったことだろう。難民となった人々も故郷に戻れたことだろう。

88年までの日本の援助の中で大きな比重を占めていたのは工業化プロジェクトだったが、結局、工業化は進まなかった。ビルマ政府側は否定したが、援助で造られたトラックの軍事転用疑惑が持ち上がった。デモ弾圧の際に軍が使ったのではないかと疑われたのである。[27]

なにより87年、ビルマ政府が自ら、外国からの借金の返済を楽にしてもらえる「後発開発途上国」、つまり最貧国としての認定を国連に求めた[28]のを見れば、苦しい暮らしを送る人々が、援助のお金を何に使ったのか、独裁の維持か、と問うのは当然のことだった。

援助がどの程度人々の役に立ったのか、独裁をどの程度延命させたのか、延命させることはなかったのか——今後、民主化が進んで、独裁時代の検証が始まれば、それも明らかにされるだろう。

チェコのハベルにもアメリカのブッシュにも会った

ボーチーとも、獄房の前の日陰に座って話をした。そこの壁には、彼が珍しくネクタイを締めて、アメリカのブッシュ大統領と握手している写真がかけてあった。

「刑務所にいたころ、いつか世界を回って、政治囚の苦しみを訴えたいと思った」

と、ボーチーはいった。

「チェコで、ハベル大統領と一緒に記者会見をした。アメリカのブッシュ大統領にも会った。本当にそんなことになるなんて、夢にも思わなかった」

チェコ・スロバキアを民主化して、政治囚から1989年に大統領になった劇作家のバッラフ・ハベルは、アウンサンスーチーをノーベル平和賞に推したことでも知られる[▼29]。

日本にもボーチーは来た。2009年に、人権団体ヒューマン・ライツ・ウォッチの東京事務所開設式典に招かれて講演した。

そしてその日本に、獄中で彼に教えてくれた人がいるというのだった。

「いま、あの大学講師は日本で教えている」

恩師は日本へ

その人、エーチャンは、千葉にある神田外語大学で東南アジア史を講じる教授になっていた。

エーチャン教授は、1983年から京都大学に留学して博士号を取得した。京大には、政治に踏み出す前の40歳のアウンサンスーチーも、85年10月から9か月間留学してビルマの独立運動について研究している。京都でスーチーと議論したという。

京大でエーチャン教授は、東南アジア研究で知られる石井米雄（故人）の授業に毎週出た。中国史の谷川道雄（同）からは一対一で教わった。

▲ボーチー。メーソットの政治囚支援協会で

▲獄中で政治囚が作ったバッグや帽子が、政治囚支援協会に展示してある。バッグは、レジ袋を裂いて、よって、ひもにして、編んで作った。家族への贈り物にしたり、看守が獄外で売った。差し入れをする余裕が家族にない政治囚は、看守に頼んで、そのお金で、食物や薬を買って来てもらったという

◀インセイン刑務所の模型。奥は、再現された獄房。政治囚支援協会で

「刑務所で政治囚に谷川先生の話をしたら、谷川先生を尊敬して、釈放後に谷川先生の写真を見せてほしいといわれました」

と、エーチャン教授はいう。

教授が逮捕されたのは1990年5月18日の夜だった。留学から戻ってラングーン大学の講師をしていたころだ。その夜、教授の家に、学生2人が助けを求めて来た。人を家に泊めるときは、それが親戚であっても、役所に届け出なければならなかった。イギリス植民地時代に始まる、そんな法律があった。だが、1人は教え子だ。食事を出して泊めた。

夜11時ごろ、車の音がした。軍がやって来た。大尉がいった。

「先生、私を知っているでしょう?」

「見たことはある」

「仕方がないことなんです」

大尉になった別の教え子が、逮捕しに来たのだった。

学生2人は捕まり、教授も連れて行かれた。「学生がなぜ家に来たのか」と教授は尋問され、1週間後の裁判で禁固10年の刑を言い渡された。わずか20分ほどの裁判だった。

インセイン中央刑務所に入れられて教授が出会ったのが、その2か月前に捕まって隣の房にいたボーチーだった。

教授が房に入れられると、英語を教えてほしいとボーチーが頼みに来た。房ごとに交代で出される水浴びのときに来た。教授は「入学試験を受けて」と応じた。ボーチーの英語のレベルをみるためだ。数行の英文を書きなさいという試験だった。

ボーチーが房の床に書いた答案を、教授は水浴びに出されたときに読んだ。ボーチーは忘れてしまったというが、「ア・フレンド・オブ・マイン」という題だったと教授は記憶している。

「まああいい英語でした。この学生は勉強しそうだなという印象でした」

基礎から教わったとボーチーはいったが、少しはできたようである。

ボーチーのほかに3人が教えてほしいといって来て、生徒になった。

授業が始まる。

プリズノミクスのおかげ

そして、教授によれば、その授業には教材があった。アメリカのニュース週刊誌『タイム』と『ニューズウィーク』が1冊ずつ、それにビルマの国営英字新聞が1部、獄房に持ち込まれていた。『タイム』と『ニューズウィーク』は1冊200チャット（1990年代半ば、1チャットは約1円）、英字新聞は100チャットほどで入手できたという。

ボーチーが「学んだ」と語った『ニューヨーク・タイムズ』の記事にも、書籍や薬が囚人に届くよう政治囚支援協会が手助けをしているとあったが、読み書き禁止の刑務所で、そんなことがどうしてできたのか。

元政治囚らの話をまとめれば、囚人が「お金を頼む」と手紙を書き、看守がその手紙を囚人の家族や友人に届け、家族や友人が看守にお金を託す、ということがまず行われた。看守はそのお金を囚人に渡し、囚人はそれを房に隠し持った。または看守がお金を保管した。囚人はお金の所持が禁じられていたからである。

囚人は、そのお金で本を看守に買って来てもらった。パンソダン通りで買える、と頼んだのだ。『タイム』や『ニューズウィーク』は厚さが5ミリもない薄い週刊誌だ。看守は、出勤する際に制服の下に隠して刑務所に持ち込んだ。その手数料として、価格の2割から2倍が看守に支払われた。つまり、わいろである。

お金の代わりに、粉ミルクや小袋入りの調味料も使われた。家族が粉ミルクを差し入れると、政治囚はそれを市価より安く看守に売って、お金を手にした。看守は、それを転売すれば、差額が稼ぎになる。所持禁止のお金ではなく粉ミルクの差し入れなら、家族は安全だ。

「家族が調味料を差し入れる。それが看守に渡る。看守はそれを刑務所の前の店に売る。それをまた家族が買う。そうやって調味料が回転していたんだ」

アハハと元政治囚は笑う。

コメディアンのザーガナーは、ＢＢＣによれば、プリズノミクスとこれを名づけた。プリズン（刑務所）にかけたのだ。獄中で彼も、インスタントコーヒーと交換で紙片とペンを入手したのである。[30]

だが、そんなことが発覚すれば、看守も投獄される。それでも、その危険を冒す看守がいたのは、一つには、公務員の給料が安かったためらしい。

ボーチーや教授が投獄されていたころの公務員の月給表を見ると、月給には12段階あって、600チャットから始まって最高額の局長級で2500チャットだ。[31]

では支出はと数字を見れば、1家族（5・25人）の月平均支出は1万3785チャットだと収入支出全国調査報告書（1997年）にある。[32] 桁違いである。

元政治囚はいう。

「看守は貧しくて、職場に弁当を持って来られなかった」

「夜勤に当たって夕方出勤した看守が、何か食べさせて、といって来る。親切な看守には、午後4時に出る囚人の夕ご飯を少し残して置いて食べさせた」

ビルマに限らずわいろは珍しいものではないが、政治囚には葛藤があった。彼らが目指す民主主義の国には、わいろなど存在しないはずだからである。

元政治囚の1人はいった。

「何人かで議論した。手を汚したくはなかったが、ほかに手段がなかった」

政治囚を助けようとする看守には、政治囚への同情があった、と彼は力説した。お金がほしいだけなら、裕福な通常の犯罪の囚人を相手にしたはずだ、というのだ。

「10代の、子どものような政治囚がいる。僧侶までが獄房にいる。どうしてそんな人たちが囚われているのか、看守も考えるようになる。そして、協力してくれるようになるんだ」

獄中でのレジ袋の使い道

では、持ち込まれた『タイム』や『ニューズウィーク』はどこに隠したのだろうか。

扉が開放されて外に出ることができれば、マンダレー刑務所でボーチーたちがしたように埋めて隠せる。しかし、外に出られなくとも、房の中にも隠し場所があった。

トイレ容器の中に隠したのである。早朝、刑務所当局による房の点検が行われることがあった。その気配がすれば、レジ袋を何重にもして雑誌を入れて丸めて容器に隠した。取り出すときは、別のレジ袋を手袋代わりにした。家族からの差し入れが入っていたレジ袋は、そんなことにも役立ったのである。

そして、エーチャン教授のいた棟でも、わずか1時間ほどだったが、房の扉が開く日があった。親切な看守が週に2、3日、1時間ほど、三つか四つの房の扉を同時に開けてくれた。扉が開くと、ここでは、房の前の通路が教室になった。

日本語もできる教授は、それも教えることになった。刑務所ならではの読書がきっかけだった。

囚人は、文字に飢えると、ビルマのタバコ、セーボーレイを分解した。セーボーレイは葉を丸めたタバコだ。葉を広げると、吸い口が現れる。そこに紙が巻かれている。たいてい新聞紙だ。囚人はそれを読んだ。

教授の棟でも、政治囚が紙切れを取り出して読んだ。あるとき、名古屋で働いたことのある囚人だったか誰だったかが、そこに日本語が書かれているのに気づいて、教授の房に持って来た。化粧品の広告だった。なぜそんなものが入っていたのかはわからない。その囚人が「漢字を教えてほしい」と教授に頼んだのである。

読み書き禁止の刑務所だったが、囚人は、レンガのかけら以外にも代用品を考案した。水浴びに出されたときに、棟のまわりの有刺鉄線から、尖った先端部分を取り外して持ち帰り、それでビニール袋に文字を刻んだ。ビニールを光に透かせば読める。ボールペンの芯を看守に持ち込んでもらえれば、白色のレジ袋にそれで書いた。ビニール袋やレジ袋に書けるとは知らなかったが、元政治囚は誰もが、ほら、と簡単に書いて見せてくれる。

日本語は暗号

房の扉が開放される1時間で2科目を教える教授もそれを使った。こんな授業だった。

英語クラスの生徒には、「私の一日」や「マイホーム」という題で英作文をビニール袋に書かせる。『タイム』や『ニューズウィーク』の記事を読ませて、意味がわかったらいってみなさい、と指示する。その間に、日本語クラスに漢字を教える。床に「人」とレンガのかけらで書く。「ひと」です。書き順は、最初にこう、次にこう。「日」は、ここでは「にち」、ここでは「ひ」と読みます。日本語の生徒は1人だったり、5人いたこともあった。授業を終えると、レンガの文字は水を流して消す。英語クラスのビニール袋は房に持ち帰って読み、次の授業で、こうしたほうがいいね、と教える。

こんなことも教えましたと、教授は、姥捨て山の話をすらすら暗誦してみせる。

「おばあさんが息子に背負われて捨てられに行くとき、木の枝を折って、道に捨てました。なぜそんなことをするのかと息子が聞くと、お前が帰るときの道しるべだといいました。息子は、またおばあさんを背負って帰りました」

教授が日本語を勉強し始めたときに使った教科書にあった文章だという。教授の頭にあったこの文章を政治囚にも暗誦させた。背負われ、捨てられ、と受身の形を覚えるのにいい文章ですから、と教授はいう。獄中とは思えぬレベルの高さである。

インセイン刑務所での授業は、開講から4か月後、教授がラングーンの北のターヤーワディ刑務所に移されて終わるが、ターヤーワディでも教授は授業を始める。日本語を教えてほしいと政治囚からまた頼まれたのである。

その日本語が刑務所で使われた。教授が再現してくれた。教授は身長1・8メートル、ボーチーの2倍はありそうな巨体から太い声を響かせる。

「エーイ、ハイッテキタゾー」

看守の姿が見えたら、こういって他の房に知らせた。日本語だから、看守にはわからない。

「イルー?」

「ハイ、イルー」

こうして、看守が近くにいるかどうかも仲間に確認できる。

所持禁止のお金も日本語でならいえた。

「オカネ、ルエラー?（お金を簡単に出せるか?）」

「ルエレー（簡単だよ）」

親切な看守が現れたので、お金を渡して何か買って来てもらおうと思うが、看守の前でお金を取り出すわけにはいかない。隠し場所を見られてしまう。そこで、お金をすぐに取り出せる囚人に立て替えてもらうのだ。日本語が暗号だったのである。

教授も房をいくつか移動させられたが、3年間いた棟では、房の扉が昼間は開放された。教授は、歴史や政治の講義を通路でした。20人余りが聴いた。

「封建制についてマルクスはこういっている、ウェーバーはこうだ、イギリスの歴史家はこうだ、私の京大の先生はこう考えている、私はこう思う、あなたはどう考えるか、と話をした。ビルマ共産党の人たちも聴いていて、討論になる。楽しかった」

インセイン刑務所でも歴史の話をしたことがある、と教授は思い出す。

「日本の明治維新がうまくいったのは、江戸時代が250年間平和で、鎖国といわれたが、農業がちゃんと発展していて、という話をしたはずです。一つの国が急に発展することはできない。例えば、室町時代に明治維新を起こすことはできない。そういう話です」

織田信長や豊臣秀吉の話もした。後に政治囚支援協会のIT担当となるアウンミョウテインが同じ棟にいて、日本のサムライ映画のファンだった彼が、教授を質問攻めにした。

教授は7年間投獄されて、1997年7月に釈放された。釈放後は、アメリカの大学を経て、日本留学時代の恩師、石井米雄が学長となった神田外語大学で教えることになった。

演歌が獄房に響いた

エーチャン教授は、獄中で教えたり、議論をした政治囚の名前を何人か挙げてくれた。ある人は釈放後、アメリカに渡ってそこでビルマの民主化を訴える運動を始めた。オーストラリアに行った人、ビルマで本屋を開いた人もいた。

日本語が上達した人の名前も2人出た。その1人、あだ名をタージー（長男）という男と連絡が取れた。タージーは釈放後、タイに逃れ、アウンサンスーチーが補欠選挙で当選した2012年にビルマに戻っていた。

ビルマに出かけると、僕のホテルまでタージーは来てくれた。日本語はもうあまりできないんです、といって英語で話してくれた。その英語も、投獄される前はまったく話せなかったのだが、看守に持ち込んでもらった英語の聖書を政治囚仲間に訳してもらって勉強したのだという。エーチャン教授のほかにも、教えてくれる人がいたのである。

1990年3月、印刷工場で働いていたタージーは、88年の一連のデモでの1人目の犠牲者、ポンモーを追悼するデモに参加して逮捕され、3年の刑を宣告された。刑務所で出会ったのが教授だった。

タージーの房と教授の房が近く、声が届いた。教授は、最初は日本語で、次にそれをビルマ語でいってくれた。「ありがとう」、それから「チェズーティンバーデ」という風に。少し上達すると、彼と教授は日本語で会話した。ここはタージーは日本語で再現してくれた。

教授「タージーさん、こんにちは」
タージー「こんにちは」
教授「ご飯は食べましたか」
タージー「はい、食べました」
教授「何を食べましたか」
タージー「私は、豚肉を食べました」

タージーは、家族が面会に来ると、「行ってきまーす」と日本語でいって房を出た。面会から戻ると、「ただいまー」といって戻った。「行ってきまーす」「ただいまー」と、タージーは、ここも日本語でいった。朗らかな日本語だった。家族の面会が心から楽しみだったのである。

なぜ日本語を勉強したんですか、と尋ねると、彼はいった。

「日本語がおもしろかったんです。ビルマ語と日本語は文法が似ているでしょう?」

語順が同じなのだ。主語、目的語、動詞の順だ。

それに、日本語で話せば看守にはわかりませんからね、という。やっぱり、日本語は暗号だったのである。

歌も教わりましたといって、彼は宙を見やって記憶を探って、すっと歌い出した。

「か〜ぜにながれる〜し〜ろいくも〜みればうかぶさ〜」

千昌夫の「ふるさとの祭り」だ。

ためらいがちに、そっと小声で。でも朗々と。上手だった。びっくりした。

続けてもう1曲。

「しらかば〜あおぞら〜み〜な〜み〜か〜ぜ〜」

「北国の春」である。

壁越しに教授が歌い、彼がその通りに歌う。そうやって覚えた歌だった。ビルマの刑務所に演歌が響いていたのである。

タージーは日本語でいった。

「刑務所の中で、私は、日本語よーく話せます」

「いま、（そうでは）ないです」

釈放後、彼は、外国語学校に行って日本語の勉強を続けたかったのだが、そのお金がなかった。ハハハ、仕事なんかあるわけないよ、と彼はいった。ボーチーと同じく、誰も雇ってくれなかったのである。政治囚だったタージーとかかわることを人々は恐れ、彼は、家にこもって本を読んだり、友人を訪ねるほかにすることがなかった。

それが変わろうとしていた。タージーはある人権団体に加わっていて、そこは、国外からビルマ国内に拠点を移そうとしているところだった。タージーはその第1陣として帰国した。新政府の発足前だったら、間違いなく弾圧された団体である。団体のウェブサイトを見ると、団体の連絡先はまだ国外のままだ。ビルマに広がり始めた自由が本物かどうか、瀬踏みしながら彼らは動き始めたようだった。

亡命メディアの登場

エーチャン教授からボーチーへと延びた師弟関係が、もう一つ延びることになった。ボーチーが、彼の生徒を1人紹介してくれたのだ。その生徒には、中では無料、外では有料で教えたんだ、とボーチーはいった。

その生徒はジャーナリストになって、タイ北部のチェンマイにいた。メーソットから車で

５時間のチェンマイに僕は向かった。

「８８８８」デモを弾圧されて、国外に逃れたビルマの若者たちは、メディアも設立した。ビルマでいったい何が起きているのか、それを探り、報じなければならないと考えたのだ。あちらこちらにぽつんぽつんと、ほんの数人で設立されたメディアが数を増し、成長して、２０００年ごろには20を数え、大きなところは１００人を超える記者、職員を抱えるようになった。亡命者が担う亡命メディアである。

中でも、ノルウェーのオスロの『ビルマ民主の声』とチェンマイの『イラワジ』が有力なメディアに成長した。

隣のタイはともかく、北欧のノルウェーはずいぶん遠いが、ビルマの民主化を支援した国といえば、まっさきに名前が挙がるのがノルウェーだった。

アウンサンスーチーがノーベル平和賞を受けて有名になる前年、１９９０年に、自宅軟禁中の彼女に最初に賞を贈ったのも、この国の美しい港町、ベルゲンにあるラフト人権財団だった。抑圧された人々に手を差し伸べて、共産主義体制下のプラハで逮捕、暴行された、ベルゲン生まれの経済学者トロルフ・ラフトを記念する財団である。[▼33]

亡命メディアは、記者をビルマ国内にひそかに配置して、民主派の投獄、拷問、少年の兵士への動員、人々の日々の困窮、検閲の実態など、独裁政府に不都合な問題を続々と掘り起こしてきた。それをビルマ語や少数民族の言葉で国内外のビルマ人に伝えた。同時に、英語で世界に向けて報じた。

記事はネットや月刊誌で送り出され、ビルマ国外でなら自由に読むことができた。しかし国内では、亡命メディアも外国メディアもウェブサイトが遮断された。それでも、国外にいるビルマ人とパソコンでチャットをしたり、ブログにアクセスして情報を得ようとする人たちがいた。月刊誌もひそかに国内に持ち込まれた。

『ビルマ民主の声』は、92年に短波ラジオ局として開局し、2005年に衛星テレビ放送に乗り出した。ビルマ国内でも、衛星テレビのアンテナを調整すれば、『声』のニュース番組を見ることができるようになった。

それまで、検閲なしの報道といえば、BBCなどの外国の短波ラジオ放送しかなかったところに亡命メディアが加わって、質量ともに報道を様変わりさせたのである。

「8888」以降最大のデモとなり、推定10万人が街路を埋めた「サフラン革命」を07年に僧侶らが起こしたとき、それを取材していたジャーナリストの長井健司が撃たれて命を奪われたが、その瞬間を『声』は動画でとらえて報じた。撮ったヤンナインが『イラワジ』に語っている。

「ベトナム戦争のときだった。攻撃された村から7歳の少女がけがをして走り出て来たところを1人のカメラマンが撮影した。その写真はピューリツァー賞を取り、アメリカの人々の間に反戦の心情を呼び覚ました。それを思い、1988年のデモでの自分の経験も思い出して、何が起きようとも記録するんだと私は決心していた」

カメラを持っているところが見つかったら、彼は5年から10年ほど投獄されたはずだった。[34] 現に捕まった記者もいて、一時は『声』だけで17人が投獄されていた。[35]

詩人は生きる歴史書

ボーチーの生徒だったウェーモウは、『イラワジ』の記者になっていた。

ウェーモウは1976年生まれというから、ボーチーより一回り下の世代だ。「8888」デモが起きたときは12歳だった。ウェーモウは、デモを目撃し、デモが銃撃されるのも見た。彼は学生組織に加わって、90年に初めて逮捕された。

「まるで、戦場で捕らえた敵のように扱われた」

14歳になる直前だった。後ろ手に手錠をされ、目隠しをされ、殴られた。このときは1週間後に釈放された。

そして再び、ボーチーの2度目の投獄と同じころ、94年7月に捕まった。友人の家から政治文書が見つかり、それを友人に渡した人物として、17歳のウェーモウの名前が挙がったのだ。インセイン刑務所に送り込まれて、房の扉が開放されると、ボーチーの房に行って英語を教わる生徒の1人になった。

ボーチーだけでなく、詩人のティンモウからもウェーモウは学んだ。詩人とは房が同じだった。
ビルマは詩作が盛んな国だ。その国で、ティンモウは広く愛された詩人だった。『イラワジ』によれば、彼の詩は映画の挿入歌になり、教科書に掲載され、国民文学賞も受けた。だが、その詩人も、民主化を支持して91年から4年間投獄された。詩は発表禁止になった。永遠にそれが解けないのではないかと恐れた詩人は99年に亡命する。そしてそのまま、カリフォルニアで２００７年に73歳で亡くなった。[36]
詩人を追悼する『イラワジ』の記事の冒頭には、彼の有名な作品「偉大なる客」（１９５９年）が置かれている。わずか３行の詩だ。

タバコも短くなった
太陽も茶色くなった
俺を送り届けてくれよ

――自らの異国での死が見えていたかのような３行である。

詩人は生きる歴史書だった、とウェーモウはいう。

「歴史に文学に政治。たくさんのことを彼から学んだ」

議論もした。ウェーモウは言論の自由を主張し、詩人はポルノのようなものは規制したいという立場だった。

だが1年後、ウェーモウは、手荒いことで知られるミンジャン刑務所に移される。そこでは、ハエを捕まえろと命じられた。床にとまったところをビニール袋をかぶせて捕るのである。

「暑い季節には日に50匹、涼しい季節には15匹捕れた。捕った数が他の囚人より少ないと、怒られた。ある種の、精神的な拷問だった」

ジャーナリスト誕生

そうして3年が過ぎて1998年に釈放された後、ウェーモウは、同じころに釈放されたボーチーのところへまた英語を教わりに行った。

「いい先生なんだよ。明快なんだ」

週に3、4回教わって月謝を払った。釈放後のボーチーの暮らしを支えた月謝である。ボーチーが99年9月にメーソットに逃れたのに続き、ウェーモウもその翌年、タイに逃れた。

タイでは、ビルマから逃れ出た人々を支援する欧米の非営利団体が数十は活動している。その一つでウェーモウは英語を教わった。70年代には雑誌を発行していた父親が本をたくさん持っていて、子どものころから書くことが好きだったウェーモウは、そこで英語を教えてくれたボランティアのニュージーランドの弁護士から、英語で書け、と励まされた。ジャーナリズム教室を開く支援団体もあって、ウェーモウはそこで半年間、記事をどう書くかを教わった。

２００３年12月、彼は、初めての記事を『イラワジ』に書く。死刑判決が民主派を脅す手段として使われてきた、と指摘する記事「ビルマの死刑の歴史」だ。[37] 以降、彼の署名入りの記事が続々と『イラワジ』に掲載された。逮捕され、僧衣を脱がされ、殴られた僧侶の話、ラングーンで起きた爆弾事件の背景、政府と少数民族組織の内戦の行方……。

12年11月、ウェーモウはビルマに帰った。僕はまた会いに行った。

彼の目に、12年ぶりのビルマはどう映ったのだろう。

彼はいった。

「貧しい人々が暮らす街に行った。１９８９年にそこに引っ越して来た家族に、この24年間で暮らしは変わったか、と尋ねた。答えはノーだった。24年前もいまも、家には電気も水道もない。６人家族が１日３０００チャット（当時３００円）で暮らしている」

ウェーモウが帰国する半年前、２０１２年４月の補欠選挙でアウンサンスーチーが下院議員に当選したビルマは、欧米が民主化を要求して１９９０年代後半から科してきた経済制裁が解かれ始めて、投資先を求める外国人や観光客が押し寄せる国になっていた。ホテルやオフィスビルが建てられ、閑散としていた道路には車がわいて出て大渋滞が起きていた。しかし、変化は始まったばかりだった。富は流れ込み始めたが、それは一部の人の手の中にあるらしいのだった。

報道の自由や公正な選挙の実施は重要なことで、外からビルマを見ている僕などは、それによって民主化の度合いを測りがちだ。

そこに暮らす人々にとって肝心なのは、そこからだ。それらによって自分たちの声が政府に本当に届くのかどうか、届いて、腹いっぱい食べられるようになるのかどうか、子どもを学校に通わせられるのかどうか――民主化の進展具合は、日々の暮らしによって測られている。

ウェーモウの話を聞きながら、僕はそう思い当たった。

人々の目の前で経済は成長している。民主化が進んで人々の声が政治に反映されるようになれば、貧しい人々の暮らしも上向くはずである。反対に、もし、そうした人々の暮らしが変わらなければ、それは、それらの人々が政治から排除されているということだ。それでは、民主化したとはいえないだろう。

諸外国と並んで日本も、ビルマへの援助や投資を増やしつつあった。計画中の三つの経済特区、ティラワ、ダウェー、チャウピューのうち、ラングーン近郊のティラワの一部が、他に先んじて2015年9月に開業したが、そこを手がけたのは、日本の国際協力機構や商社、ビルマ政府などが出資する会社だ。まずは、日本を含む13か国の47社が進出する。[38]

日本外務省のパンフレット「日本のミャンマー支援」（15年3月発行）を見れば、この「ティラワ地区インフラ開発計画」のほか、「小中高等学校の整備」「小規模クリニックの整備」「法整備支援プロジェクト」などが日本の支援項目として挙げられ、「民主化、国民和解、経済改革の果実をミャンマーの人々に行き渡らせるために」とうたわれている。

本当にそうなれば素晴らしい。かつて、援助で独裁政府を支えたと批判された日本は、今度はどうか――援助や投資が進めば、評価を受けるときがくるだろう。ティラワ開発では、14年6月、立ち退きを求められた地元住民が来日して、移転先の生活、教育環境の整備が不十分だと訴えた。今後も起きうる立ち退きや自然保護の問題に日本側がどう対応するか、それにも人々は目を凝らしている。

帰国したウェーモウは、活動の場を『イラワジ』から『ニューヨーク・タイムズ』に広げていた。『ニューヨーク・タイムズ』でビルマの記事を読めば、筆者の欄に彼の名前がある。

そんなに僕らが怖いのか

2015年10月17日の朝、東京のビルマ大使館前に100人近いビルマ人が列を作っていた。総選挙の在外投票をする人たちである。

「初めて投票する。うれしい」「うれしいというより、ドキドキ」「アウンサンスーチーさんの国民民主連盟に投票することが、僕の夢でした」

日本に暮らすビルマ人は、難民、留学生、日本人と結婚した人など1万人余り。だが、有権者名簿に名前があったのは、その1割ほどだった。投票を申請したのに、名簿に名前がなかったという人がいた。申請の際にビルマの住所を記入しなければならないが、住所が知られたら、いまもそこに住む家族に迷惑がかかるかもしれないと恐れて、申請しなかったという人もいた。

大使館の向かいの道端に、投票できない、そんな人たち30人が集まっていた。「8888」デモに参加し、翌年、日本に逃れて民主化運動を続けてきたタンスェら、いわば「選挙監視団」である。彼らは、票が無効にならないようにと、投票者の列に声をかけた。

「上院、下院、地方議会と、投票は三つありまーす」「投票用紙が自分の選挙区のものか、確認してくださーい」

投票を終えた人には、不備はなかったか、と尋ねた。下院の投票用紙をもらえなかった、地方議会しか投票できなかった、と聞くと、その場でその人たちと一緒に、ビルマの選挙管理委員会に電話を入れた。

朝8時から夕方6時までの投票を監視しながら、投票が認められなかった人たちはこぼした。

「僕たちを許せないんだね」「そんなに僕らが怖いのか」

シンガポールや韓国からも苦情が出ていた。申請者が居住国の住所をきちんと記入していなかったり、東京に送るはずの投票用紙をエジプトに発送していた、という副外相の釈明が後日報じられた◀39。

監視団によれば、投票2日目の18日に「投票用紙をきちんと準備する」と書かれた紙が大使館に貼り出されて投票期間が延ばされ、新たに投票が認められた人もいた。監視団が数えたところ、900人近くが投票した。

3 私たちは、獄中で世界のニュースを読んでいた

「チョーズワモウ。27歳。男。罪名5（J）。軍事法廷18号、判決日1992年3月23日。釈放日1999年9月7日……」

刑務所からの釈放証明書である。釈放されるときに、みんなこれをもらう。

茶色い粗末な紙の、小さな証明書だった。それが額に入れられ、チョーズワモウの家の本棚に飾ってあった。

「人生で一番大事なものだからね」

落ち着いた声で彼はいう。

隣で彼の妻がうなずく。

「人生の博士号よ」

罪名の5（J）とは、緊急事態法の条項5（J）のことだ。国の治安を損ねる恐れのある影響を人に与えることを禁じた条項だ▼[1]。多くの人がこれに問われて投獄された。

その1人で、8年間投獄されたチョーズワモウも、獄房で勉強した。

いまは『イラワジ』の英語版編集長を務めている。

エーチャン教授からボーチー、そしてウェーモウへと英語が教え伝えられたことがわかったが、この系列のほかにも勉強した人がいないか探してみた。獄中で勉強した人が意外にたくさんいそうだったからだ。

半年かけて資料に当たった。政治囚支援協会が、女性政治囚や獄死した政治囚など、テーマごとに記録集を10冊ほど出している。それを協会のウェブサイトで読んだ。協会の年報や月報、冊子にも目を通した。「8888」デモ弾圧の後、国境地帯に逃れた学生が組織した全ビルマ学生民主戦線――少数民族組織と共闘して、武力で独裁政府を倒そうとした。兵力数千人――も、元政治囚の回想記を出している。

英語版のニュース月刊誌『イラワジ』――『タイム』『ニューズウィーク』と同じ体裁だ――を数年分読んだ。外国メディアの記事を検索した。

その中に、獄中で自らがどう勉強したかを書いた記事と回想記があった。ウェーモウのほかにも、政治囚からプロのジャーナリストとなって、自身の経験を書いた人がいたのである。2人がそれぞれ、そんな記事と回想記を書いていた。その1人が『イラワジ』のチョーズワモウだった。その後の取材で、そんな人がもう1人見つかった。

読み書き禁止の獄中で、いったいどれほどの人が勉強したのか、ここまでの取材で判明したことをまとめればこうなる。

ウェーモウをはじめ、ジャーナリストになった人が全部で4人。

政治囚支援協会を設立したボーチー。

ボーチーは、2度目の投獄のときにインセインの次に移されたターヤーワディ刑務所でも英語を教えていて、彼とエーチャン教授が講義をした人数を単純に足せば、ウェーモウや、いまは人権団体で活動するタージーを含めて80人ほどになる。

ほかにも、日本から声明を受け取ったチョウマートエと僕の間で通訳をしてくれた元政治囚のティンエーに尋ねてみれば、彼も、ハンガーストライキを5日間してオクスフォードの英英辞典の差し入れを認めさせて勉強したんだ、と得意そうである。２００1年5月のことだった。その2年前に赤十字国際委員会の刑務所訪問が始まり、ティンエーがいたマンダレー刑務所にも赤十字が来たが、読む権利がすんなりと認められたわけではなかったのである。

投獄された僧侶についての支援協会の記録集には、インドの大学で学び、数か国語ができた僧侶のメギンが「教育を分かち合うのは崇高なことである」といって若い政治囚に教えた、とあった。英語を教えては独房に入れられ、出されるとまた教えた、と記されている。メギンが投獄されたのも、学生に頼まれて、『タイム』の記事をビルマ語に訳したからだという。[2]

僕は、メギンを探し出すことはできなかったが、メギンから教わった1人、「８８８８」のときに学生らが作った新社会民主党のトートートゥンに会えた。

１９９1年初め、メギンと24歳のトートートゥンは、インセイン中央刑務所の同じ棟にいた。房は違ったが、午前中は、棟に八つあった房のすべての扉が開放されたから、その間に外の畑に出て、そこでメギンから疑問詞の使い方や時制を教わることができた。メギンは、囚人の間を渡り歩いて教えていた。宗教や政治のことも語った。全部で10人余りが教わっていた。看守はそれを止めたり、黙認したりだった。メギンは民主主義を大切に思う人だった

――そうトートートゥンは語った。

トートートゥンが教わり始めて4か月後に、メギンはタイエッ刑務所に移された。記録集によれば、メギンは、そこでも英語を教えて罰されている。

以上はすべて男性である。女性の政治囚は男の半数以下といわれ、少ない人数では、監視の目を逃れたり、看守と取り引きしたりするのがむずかしかったようだ。ビルマの月刊誌を入手したという話は聞いたが、勉強したという女性には僕は出会っていない。

女の政治囚が男より少ないのはなぜなのか、メーソットに暮らす女性の元政治囚の見立てが本質を突いているように思われた。

「政治の世界に女は入りにくいのです。ほかの国でもそうでしょう?」

獄中で図書館を開設

チョーズワモウは、『イラワジ』の2011年3月号に「獄房」と題する記事を書いていた。房の壁に穴を掘って『タイム』や『ニューズウィーク』、辞典を隠し持っていた、それが政治囚の図書館だった、と書いてあった。[3]

僕はびっくりして、チョーズワモウに会いに行った。

『イラワジ』がオフィスを置く古都チェンマイは、タイ有数の観光地だ。そこがビルマの民主化運動の拠点になっていることが、何度か訪ねるうちにわかってきた。ごくふつうの民家が亡命メディアや民主化団体の事務所として使われていた。一歩入れば、耳に入るのはビルマ語ばかり。ビルマ人がパソコンに向かって記事を書き、映像を編集している。

西の国境の町メーソットからも、北の国境のメーサイからも車で5、6時間で行けて、国際線が飛ぶ空港があって、チェンマイは便利なのだ。

チョーズワモウとは最初、『イラワジ』のオフィスで話を聞いた。そこで、家に来いよ、釈放証明書を見せるよ、と誘ってくれたのだった。それは大切に本棚に飾られていたのである。

チェンマイ郊外にあるチョーズワモウ夫妻の家には、広いとはいえないけれど、芝生の庭があった。そこを白いウサギが走り回っていた。オンドリが昼間も思い出したようにコケコッコーと高らかに鳴いた。小さな池に鯉がいた。

国外に逃れた人たちは、夫は日本、妻子はアメリカという風に別居することになりやすい。彼らは、逃れ出た先の国が居住を許可してくれるかどうかという問題にまずぶつかる。難民認定の問題だ。次いで仕事探し、それから子どもの教育問題に直面する。そのどこかの段階で、別居するしかなくなる家族が少なくない。そんな人たちに会った後だったから、チョーズワモウの夫妻そろっての暮らしが輝いて見えた。

粗末な釈放証明書の横に、立派な賞状が飾ってあった。アメリカのカリフォルニア大学バークレー校の優秀証だ。同校のジャーナリズム大学院長で、中国報道で知られるオービル・シェルの署名入りである。チョーズワモウは、05年から1年間、そこの修士課程で学んだ。

「刑務所の中でシェルの記事を読んだ。洗練された、いい記事だった。その人が大学院長だったんだ」

獄中で勉強していなければ、バークレーに行くこともなかっただろう、とチョーズワモウはいう。

どこか夢見るような響きが言葉にあった。

「自分の国では大学に行くことができなかった。高校は出たけれど、投獄されたからね。8年の間」

チョーズワモウも「8888」に参加し、1991年12月に逮捕された。20歳だった。

彼が放り込まれたのは、インセイン刑務所の別館だった。ボーチーがいた中央刑務所の隣である。チョーズワモウの房には、彼のほかに4人がいた。

房の隅に小さな穴があった。トイレ容器の近くで、穴に小便がかかるからか、コンクリートとレンガが軟らかくなっていた。彼らは、そこを少しずつ掘った。穴の中でレンガを壊して、かけらを取り出した。入口は手の平より小さいが、中は広い穴倉ができた。入り口をふさぐコンクリートのふたも作った。補修作業を課された、通常の犯罪の囚人がセメントを持っていた。

穴倉ができれば、次は本である。

最初の本はエミリー・ブロンテの『嵐が丘』だった。英語版だ。チョーズワモウの自宅にあった本を看守の1人が持ち込んでくれた。高校の授業で読んだ本だが、いい作品なので、まずそれを読み返すことにした。

穴倉の蔵書をチョーズワモウは自身の記事「獄房」に挙げている。

チャールズ・ディケンズの『大いなる遺産』、バートランド・ラッセルのエッセイ、新約聖書、『出エジプト記』の数章、ビルマの47年制定の憲法――言論の自由をうたった独立当初の憲法で、62年のクーデターで無効にされた――などである。それに、『タイム』と『ニューズウィーク』の古い号。

ポケット版の英英辞典も入手したが、解説が短く初心者向きではなかったので、オクスフォードの大きな辞典を持ち込んでもらった。それは、チョーズワモウの祖父がかつて使っていたものだった。

本は1ページずつ切り離し、辞典は四つに割って、穴倉の小さな入り口を通した。蔵書が増えるごとに穴倉も広げた。

『タイム』と『ニューズウィーク』は、看守の持ち込み手数料込みで1冊150チャットほどだったという。エーチャン教授の授業で使われた『タイム』は200チャットだった。

大体そんな額だったのだろう。収入支出全国調査報告書（97年）にある1家族の月平均支出約1万4000チャットの内訳を見れば、食費は9779チャット、光熱費662チャット、家賃等295チャットだから、1冊150チャットは安い買い物ではない。

では、それは何冊あったのか——それへの回答としてチョーズワモウが持ち出して来たものに、僕は仰天した。

『タイム』を読んで国連のことを学んだ

釈放されてタイに出て来たチョーズワモウは、獄中で読んだものと同じ『タイム』と『ニューズウィーク』が『イラワジ』のオフィスにあるのを見つけた。彼とはオフィスで2度会って話を聞いたのだが、そんな雑誌が家にもある、それを見せるよ、というのが自宅に招いてくれたもう一つの理由だった。

どさっと、チョーズワモウは古雑誌を持ち出して来た。30冊はあろうか。

本当に獄中でこんなに読んだのかとあっけにとられているうちに、彼はそこから1冊を拾い上げた。『タイム』の1994年5月9日号。

最後のページに、「What's wrong with the Clinton foreign policy?（クリントン外交のどこがまずいのだろう?）」▼4と始まるエッセイ「The U.N. Obsession（国連に取りつかれて）」がある。ビル・クリントンがアメリカ大統領だった時代の号である。

「これを獄中で読んだ。国連のことを少しずつ学んでいったんだ」

と、チョーズワモウはいう。

なるほど、国内のメディアがあてにならない国では、外国のメディアを読むしかない。BBCの短波ラジオ放送を多くの人が聴くのと同じだ。

この号が手に入ったときはうれしかった、とチョーズワモウが次にページをめくり始めたのは翌年の『タイム』。発足50周年の国連を特集した95年10月23日号だ。宇宙に浮かぶ地球の半分と、丸い国連マークの半分を合体したデザインの表紙をめくると、少女が鉄格子の中にいるイラストがある。

「このフィリピンの少女の記事を覚えている……」

家事労働者としてアラブ首長国連邦に働きに行った16歳の少女が、彼女を暴行したとされる雇い主を殺して死刑判決を受けた。それはあんまりだと抗議の声が世界に広がって、判決が撤回された。[5] その少女のイラストだ。

ページをめくりながら彼はいう。

「ジェームズ・ウォルシュには会ったことはないけれど、名前はよく知っている」

見開きのページに「The U.N. at 50 : Who Needs It?（国連50周年　国連を必要としているのは誰か？）」[6] と大文字のタイトル。筆者はそのジェームズ・ウォルシュ。

「この写真も覚えている。1995年のボスニア」

六つの共和国からなるユーゴスラビアは、終身大統領だったチトーが死去し、共産主義体制も行き詰まって、分裂し始める。ボスニアではーー独立後のビルマがそうだったように——民族間の内戦が始まる。ボスニアに展開した2万9000人の国連平和維持軍は、撃たれ、人質に取られ、屈辱を味わうことになった、と記事にある。[7]

東西冷戦が終結した後の、平和が広がるはずの新時代の多難を見せつけた内戦だった。当時の国連事務総長はブトロス・ブトロス・ガリ。ガリへのインタビュー記事がある。

「ガリの言葉も覚えている。ガリからいい言葉を引き出しているんだ。私はスーパーベガーです、とガリがいっている」

あの言葉はこのあたりにあったはず、とチョーズワモウは記事に目を走らせる。

「ああ、ここだ、あった」

「I am honestly a kind of superbeggar[8]」とある。私はとんでもない物乞いですといって、国連の財政難をガリが嘆いている。

チョーズワモウは、ページをめくり続ける。

「カズオ・イシグロ。彼は賞を取ったよね。彼の記事も二つ読んだ」

『日の名残り』で89年にブッカー賞を受けた長崎生まれのイギリスの作家の新作の書評を眺めながら、チョーズワモウは懐かしそうだ。

数十冊か、100冊か

別の号を手に取って、チョーズワモウはぱらぱらめくる。『タイム』の1994年3月21日号だ。

「香港の総督だったパッテン。彼のことも記事で知っている」

アヘン戦争でイギリスの植民地とされた香港は、97年に155年ぶりに中国に返還された。最後の総督となったクリス・パッテンが去って、イギリスの支配は終わった。

「93年か94年に起きたニューヨークの爆破事件のことも読んだ」

2001年9月に旅客機が突っ込んで崩壊するニューヨークの世界貿易センタービルの地下駐車場で1993年に起きた爆破事件のことだ。1000人以上が死傷した。

チョーズワモウはいった。

「刑務所の中にいても、雑誌と本があれば、世界とつながることができるんだ」

本当に読んでいたのである。

この4日前に『イワラジ』のオフィスで、『タイム』と『ニューズウィーク』は獄中に何冊あったんですかと尋ねたら、彼はこう答えたのだった。

よく覚えていないなあ、数十冊か、100冊か、と。

『タイム』と『ニューズウィーク』は薄い週刊誌だが、100冊といえば2年分、いま目の前にある量の3倍だ。獄中に持ち込むには多すぎる量だろう。しかし、彼がページをめくる姿を見ていると、ありえる話だと思えてくる。

彼は、記事を読んでしまうと、広告を読んだ。表紙から裏表紙まで読んだ。意味を推し測りながら何度も読み返して英文を理解したという。

インタビュー記事が彼は好きだった。頭の中で仮想問答をするようになった。諜報局長のキンニュン将軍とアウンサンスーチーが会ったと聞けば、ではスーチーに何を尋ねるか、スーチーはどう答えるか。スーチーの回答も考えた。

スーチーが最初の自宅軟禁を解かれて2か月後の95年9月、アメリカの国連大使マデレーン・オルブライトがスーチーの自宅を訪ねた。その話が耳に入れば、では、何を尋ねようか――9月9日の朝のことだ。そのとき僕は、スーチーの自宅前でそれを取材していた。

チョーズワモウはいった。

「記事をどう組み立てればいいか、引用はどうするべきか、それがいつの間にか身についた」

私は司書だった

チョーズワモウもまた、ボーチーと同じように仲間の力になっていた。私は司書だった、とチョーズワモウは「獄房」に書いている。

チョーズワモウたちは、日に2回、房から出られた。トイレ容器の中身を捨てに出る朝7

時ごろに15分間ほどと、水浴びに出される午後の15分間ほどだ。そのときに他の房の囚人がこっそり書籍の借り出しと返却に来た。朝借りて午後返す。早朝、朝6時ごろに、看守らが房の点検に来ることがあるので、その前、午後には書籍を穴倉に隠してしまわねばならなかった。

チョーズワモウは、朝になると穴倉から書籍を取り出し、午後にはしまい込む司書だったのである。

記事のテーマや良し悪し、借り手の英語力も考えて記事を選んで貸し出したと彼はいう。

「私はほとんどすべてを読んでしまっていたから」

10人余りが借りに来た。だが、読み続けるのはむずかしいことだった。記事を隠し持っているのが見つかれば、入手先を追及され、仲間を巻き込むことになる。早朝だけでなく、突然、昼間に房の点検に来ることもある。政治囚はいつも恐れ、憂鬱だったとチョーズワモウはいう。だから、途中で断念する人がいた。

朝と午後の日に2回、書籍の出し入れが終わると、ごみを散らして穴倉のふたが見えないようにするのだが、それに少なくとも5分はかかった。見つかれば、勉強はおしまいだ。

チョーズワモウは、昼間は、毛布を折ってそこに記事を隠しておいて読んだ。夜も1枚だけ手元に置いて読んだ。もし早朝に点検に来ても、紙1枚なら食べてしまえると考えたのだ。彼はいった。

「読み書きをさせないのは、囚人の知性を抹殺したいからだ。だから、そこで読み、学ぶことは、独裁への抵抗になるんだ」

ボーチーの言葉と同じである。

20歳からの8年間を獄中で送ったチョーズワモウは、そして、こういうのだった。

「投獄されたときとは別人になって出て来なければ、何の意味もない」

知識を蓄えただけではない、投獄に耐え、大人になったのだ——そう彼は語った。8年分成長したのである。

知性を磨け、自分を変えろ、とアウンサンスーチーは演説したが、それはおそらく、こういうことなのだろう。

亡命メディア『イラワジ』の帰国

チョーズワモウは、1999年に釈放されてタイに出ると、『イラワジ』に加わった。『イラワジ』を創刊したのは、チョーズワモウの兄のアウンゾーである。学生活動家だったアウンゾーは、「8888」デモが抑え込まれるとタイに逃れ、93年から『イラワジ』を発行していた。この兄弟が、ウェーモウらとともに『イラワジ』を有力なメディアに育て上げたのである。

政治囚の家族の姿も、チョーズワモウは、「陰の英雄」と題して2011年9月の『イラワジ』に書いている。

「1969年、3歳のサンダーは、ラングーン発マンダレー行きの列車の床で眠っていた。隣で母が横になっていた。座席は手の届かぬぜいたくだったが、サンダーも母親も、12時間がかりのその旅の不快など気にならなかった。マンダレー刑務所にいる父親に会いに行くのだから。彼女が6か月の赤ちゃんだったころに会って以来の面会だった。それが、彼女の生涯で数百回に及ぶ面会の旅の始まりだった」

「30年後、サンダーはまたラングーン発マンダレー行きの列車の床にいた。人生が一回りして、今度は彼女が子どもを連れて、その子の父親に面会に行くところだった。5歳の息子が隣で横になっていた」

サンダーの夫のネーウーは国民民主連盟党員で、14年の刑を宣告されて北西部のカレー刑務所にいた。

「ラングーンからマンダレーまで400マイル（注・644キロ）を旅した後、サンダーと息子は、バスでジャングルを抜けてさらに160マイルを行かなければならなかった。途中、チンドウィン河を船で渡るのだが、雨季の河に船はほんろうされ、サンダーは、この4日間の旅を無事に終えられるのだろうかと涙ぐむのだ」[▼9]

そして、面会時間はたったの15分間である。

2012年8月に新政府が検閲を廃止すると、チョーズワモウらはその年末に、ビルマ国

▲獄中で読んだ『タイム』の国連特集号と同じ号を手にするチョーズワモウ

▼英語版月刊誌『イラワジ』（2015 年 8 月から紙媒体は休刊）

内で英語版月刊誌『イラワジ』を発行し始めた。タイで１９９３年９月に、タイの英字新聞やＢＢＣを元にビルマ関連のニュースを短く並べただけの、Ａ４判10ページの創刊号を５００部出して以来、初めて母国で発行するのである。

国内第１号となった２０１２年12月号は60ページ、５０００部。オバマ大統領が、現職のアメリカ大統領として初めてビルマを訪れ、下院議員となったアウンサンスーチーに寄り添った写真を表紙にした。変化を象徴する写真だ。

チョーズワモウは、帰国のあいさつを記事にした。

「読書家で知られるテインセイン大統領が、時間を見つけてこの国内創刊号を手にすることを望みたい。政府に批判的な記事を読み、そして、提起された課題に取り組む気骨を大統領が備えていることを期待したい[10]」

新政府の初代大統領テインセインは、20歳のチョーズワモウを投獄した独裁政府で、大将、首相に出世した軍人だった。その大統領に向けて、あいさつを送ったのである。

図書館は四つあった

１９９０年11月に逮捕されて６年間投獄されたモウエイも、自身の経験を『10年後』と題して書き残していた。

そこに、初めて３枚の英文を看守に持ち込んでもらったときのことが書かれていた。

「彼は、房の前に来ると、あたりを見回した。それから房に近寄って、折りたたんだ紙をパンツから取り出して、投げ込んでくれた。読んだら処分しろといって、彼は行ってしまった」

モウエイが房の隅のトイレに行くふりをして紙を開くと、それは、『出エジプト記』から切り取られた3枚だった。▼11

チョーズワモウの記事「獄房」にも、『出エジプト記』が獄房の穴倉にあったとある。もしかしたら、2人は獄中で出会ったのではないかと思ってメールを送ってみたら、大当たりだった。2人ともインセイン刑務所別館の同じ棟にいた。2人で英会話の練習をしたという。

ボーチーやウェーモウが師弟としてつながる「師弟グループ」なら、こちらは学習者同士が助け合った「同級生グループ」だった。

モウエイは、96年に釈放された後、短波ラジオ局『ビルマ民主の声』のプロデューサーとなって、『声』がスタジオを置くノルウェーのオスロにいた。

2012年秋、オスロに僕は出かけた。ノルウェーは人口500万人余り、人口65万人のオスロは路面電車がのんびり走る首都である。

「8888」デモのさ中に、モウエイも、外国の大使館の外交官に会ったという。ボーチーと同じである。そしてボーチーと同じくモウエイも、いいたいことがいえなかった。難関として知られるラングーン工科大学の学生だったが、英語がうまくなかった。

外交官から、非暴力主義で人種差別に立ち向い、１９６８年に暗殺されたアメリカの牧師マーティン・ルーサー・キングの英語の本を見せられた――民主主義や人権や闘争について教えてくれるつもりだったのかもしれない、とモウエイはいう――が、中身がよくわからなかった。

まずは英語だとモウエイは痛感する。ここもボーチーと同じである。

そしてモウエイも、ボーチーと同じように、獄中で教師を見出した。

最初の教師は、同じ房にいた、少数民族カレンの年老いたキリスト教の牧師だった。英語がとても上手な人だった。

「英語を学びたいんです」

そう牧師に頼んだ。

「トーク・アンド・トーク」と励まされた。間違えても構わない、単語を知らなくてもなんとかつなげろ、人はわかってくれるものだ、というのが牧師の教えだった。

朝起きたときから、「グッド・モーニング」「ハウ・ドゥー・ユー・フィール・トゥデイ？」「サウンド・スリープ？」と、牧師と英会話が始まる。ビルマ語は禁止。質問も英語でする。半年間同じ房にいて、英語を話し続けた。

後にモウエイは房を移されて、チョーズワモウと同じ房で半年過ごした。そのときに同じことをした。２人は英語で会話した。

チョーズワモウはいう。

「モウエイは私より年上で、確か大学の最終学年だった。私は高校を終えただけ。彼から教わった」

モウエイには、タイ人も教師になってくれた。

モウエイらがいた棟の２階には、タイ人の漁師たちが囚われていた。領海侵犯で捕まったようだった。タイ人は、政治囚に食事や水を配る雑用を課されていたから、自由に歩き回ることができた。その中に、英語がうまい人がいた。漁師ではなく、宝石商だった。世界を旅したその人は、モウエイの房の前に座り込んで教えてくれた。

イギリスではサッカーをフットボールという。

アメリカで警察官にフリーズといわれたら、動くな、だ。

国によって英語に違いがあることを初めて知ったよ、とモウエイはいう。

そしてモウエイも、房に穴倉を作った、と『10年後』に書いていた。本を分解して穴倉に隠したという。ここはチョーズワモウと同じである。穴倉を備えていたのはチョーズワモウだけではなかったのである。

しかも、彼らがいた棟の１階に23あった房のうち、彼らの房のほかにあと二つ、全部で四つの房に穴倉があったはずだ、とモウエイはいう。「獄中図書館」と呼んで書籍を貸し借りしたという。図書館が四つ——では、そこにいったい何冊あったのだろうか。

モウエイも、そこははっきりしない。まとめて何冊も入って来たり、しばらく入らなかったりだった。看守に買って来てと頼んだ本が見つからなかったり、違う本が入って来たりもしたという。

房の中の穴倉だけでなく、『10年後』によれば、彼ら政治囚は、書籍をレジ袋に入れ、タイ人に手伝ってもらって房の外に埋めて隠してもいた。モウエイが釈放される半年前、96年7月7日にそれが見つかって、全部燃やされた。6年がかりで集めた本だった、一晩燃えていた、とモウエイは無念をにじませて記している。他の棟を含めて別館に200人いた政治囚は、刑期を延ばされる罰こそ受けなかったが、別々の刑務所に移されたという。[12]

どうやら、とんでもない量の蔵書が本当にあったらしい。

獄中の翻訳者

チョーズワモウの獄中での役割を司書と呼ぶとすれば、モウエイのそれは翻訳者だった。モウエイは、獄中に持ち込まれた『タイム』や『ニューズウィーク』の記事をビルマ語に訳して、囚人みんなが読めるようにしたのである。

見つからぬよう、房の隅で頭をかしげて小さくなってモウエイは訳した。週に記事3、4本から、多いときは15本訳して、訳文をレジ袋に書いた。それが回し読みされた。

シンガポールで18歳のアメリカ人が鞭打ちの刑を受けたことが国際問題になったという記事、ボスニアの紛争に北大西洋条約機構が介入したという記事、内戦が続くアフガニスタンについて、アフガニスタン人のタクシー運転手にアメリカの記者がインタビューした記事。タクシー運転手は、指導者をみんな飛行機に乗せて海に落としてしまえば平和が来る、といったんじゃなかったかな……。

投獄から5年後、しかし、その代償をモウエイは支払うことになる。頭痛がし、息が詰まり、まともに歩くことができなくなった。窮屈な姿勢で訳し続けたためらしい。刑務所内の病院に運び込まれた。

ジャーナリスト、ウィンティンとの出会い

だがそれが、モウエイの転機だった。

病院で、ウィンティンに出会うのだ。アウンサンスーチーとともに国民民主連盟を創設した、ビルマを代表するジャーナリストである。

ウィンティンの足跡をこれまでの報道からたどると——

第二次大戦中、アウンサン将軍がウィンティンの家に立ち寄った。将軍の側近の1人がウィンティンのおじだったのだ。15歳だったウィンティンは、ビルマ軍に入れてほしいと将軍に頼んだ。そのころ軍は大人気だった。若者は誰もが入りたがった。

将軍はちょっと考えてから、学校に行っているか、勉強しているか、とウィンティンに尋ねた。行っています、とウィンティンは答えた。将軍はいった。軍に入って戦う者はたくさんいる。しかし、教育を受けた者が足りない。君は学校に行って勉強を続けたほうがいい、と。[13]

ウィンティンは勉強を続けてラングーン大学で英文学、現代史、政治学を学び、１９５０年代初めに、フランスＡＦＰ通信のラングーン支局で働き始める。豊かな国を見てみたいとオランダに渡って3年過ごし、そこに自由があることを知る。帰国後は有力紙『チェーモン』の編集長を経て、69年からマンダレーの『ハンタワディ』紙編集長を務めるが、78年にそれが廃刊にされてしまう。[14]

ウィンティンが働き始めた50年代のビルマは議会制民主主義の国で、言論の自由はアジア随一といわれていた。英語や中国語など、ビルマ語以外の新聞も含め30紙ほどが発行されていた。62年に独裁が始まるとそれが一変する。検閲の実施とともに、新聞の廃刊と国営化が進められ、「８８８８」デモが起きる88年ごろには6紙が残るだけだった。[15]

『ハンタワディ』廃刊から10年ののち、88年にウィンティンは、スーチーの国民民主連盟の創設に参加し、その翌年、逮捕された。

19年間獄につながれ、２００８年に釈放されたときには78歳になっていた。釈放後は、友人が提供してくれた2部屋だけの小屋に暮らし、その一方で、著書の印税や寄付金で基金を設けて政治囚を助けた。[16] 14年4月、84歳で彼は死去した。葬儀に数万人が参列した。

モウエイは、刑務所の病院でのウィンティンとの出会いを『10年後』に書いている。

> 意識を失っていた私が目を覚ますと、メガネをかけた白髪の男がいった。「心配することはない。休んでいなさい」。それがウィンティンだった。
>
> 彼は、私が意識を失っている間に、私に注射をしようとする囚人（注・囚人が医療に従事したといわれる）といい争わねばならなかった、といった。注射のせいで刑務所内にHIVウイルスが広がっている、と彼はいうのだ。[17]

そのときウィンティンは、ヘルニアの手術を受けた後だった、とモウエイはいう。

モウエイは、ウィンティンと5日間ほど一緒に過ごして、ニュースをどう選択するか、記事をどう書くかを聞く。

「私には口がある。話をするために口はある」

同時にモウエイは、ウィンティンの生き方を目の当たりにする。

寝ていろ、と看守が命じるが、ウィンティンは気にしない。

「私には口がある、話をするために口はある、とウィンティンはいうんだ。あなたは新しい世代だといって大事にしてくれた。自分の釈放は最後でいい、という人だった」

モウエイはそう語る。モウエイは、そのウィンティンの姿を『10年後』に書いている。


ウィンティンは、なぜ彼が入院しているのかを私に話してくれた。

——逮捕される前からヘルニアに苦しんでいた。それが悪化した。刑務所にそういうと、ＭＩに手紙を書けといわれた。

だがそうすれば、政治活動を止めるという同意書に署名せよ、といわれることになる。その見返りとして、いい治療と、おそらくは早期の釈放が約束されることになる。

手紙を書かないでいると、治療を一切しないよう刑務所に指示が出た。ついに痛みで気を失った。気がつくと、病院のベッドにいて、ヘルニアの手術が終わっていた。15分遅かったら死んでいた、と医者にいわれた。


モウエイは、ウィンティンの後に続くことになる。

早朝、看守が、私にだけポウンザン（注・あぐらをかいて頭を下げる、点呼のときの姿勢）を命じた。ウィンティンが、自分たちは患者だ、自分がポウンザンを免除されるなら、モウエイも免除されるべきだ、といい返した。2時間後、また、ポウンザンと部屋の掃除を命じられた。ウィンティンはまた、ここは治療の場だと反論する。私を獄房に戻せと命令が下ると、ウィンティンは荷物をつかんで、いった。モウエイを戻すなら自分も戻る。ここは病院から虐殺場に名前を変えるべきだ。

戻されるのを待つことはない、さっさと戻ろう、と私にいう。私も荷物をつかんで、いった。さあ行きましょう。

別れ際、ウィンティンはいった。

こんなことはコップの中の嵐にすぎない、と人はいうかもしれない。けれども、コップの中の嵐さえ起こす勇気のない者は、どこにも嵐を起こせない。それを忘れてはいけない。

ウィンティンは当時65歳。投獄されて6年がすぎるころである。1989年7月の逮捕直後には、顔を繰り返し殴られて、多くの歯を失っている。▼18

モウエイはウィンティンに尋ねた。

「生きてここを出られたら、何をすべきでしょうか」

ウィンティンはいった。

「ここのことを書け。ここの医療を書け」

ウィンティンと出会った翌年、96年11月に釈放されることになったモウエイは、チョーズワモウに告げた。刑務所のことを書くと約束した、と。チョーズワモウの兄がタイにいると聞く。よし、連絡するよ。

タイに出たモウエイは、チョーズワモウの兄のアウンゾーが創刊した『イラワジ』の97年8月号に、生まれて初めて記事を書いた。「インセイン刑務所　HIVの本拠地か？」である。

「外来患者治療室の入り口の小さな掲示板に、こう書いてある。『本日―針15本使用可』。なんと奇妙な考えだろう！　ここでは日に200人近くが治療を受けるのに」

「新しい針と注射器を使ってもらうには、300チャットを医務官か管理者に支払わねばならなかった[19]」

約束を果たしたのである。

モウエイは、タイの英字新聞にも書くようになり、99年に『ビルマ民主の声』に加わった。ニュースを編集し、政治体制を変えつつあるインドネシアやロシア、リビアといった国々について番組を制作してきた。

モウエイの言葉も、ボーチー、チョーズワモウと同じだった。

「彼らは、私たちの耳目をふさぎ、知性を葬るつもりだった。だから、刑務所に入れたんだ」

▲「ビルマ民主の声」のオスロのスタジオに立つモウエイ

▼「ビルマ民主の声」の編集室

アウンサンスーチー宅での英語教室に出席

１９９１年12月、アウンサンスーチーのノーベル平和賞授賞式の日にデモをして「スーチーを解放しろ」と叫び、禁固10年の判決を受けた22歳の大学生ゾーアウンも、「同級生グループ」のメンバーになる。

投獄直後のある夜、ゾーアウンは、コンコン、コンと壁をたたく音を聞いた。背後の房からだった。それが何だかわからないまま、同じようにたたき返した。彼は知らなかったのだが、それはアルファベットを伝える信号だった。Ａなら１回、Ｂなら２回、Ｃは３回たたく単純な信号である。囚人はそうして交信した。

数日後、ゾーアウンは、壁をたたいて来た房の中にいる男の顔を初めて見た。囚人の水浴び場は背後の房の前にあった。水浴びに出されたときに、房の中の男が見えた。それが、モウエイだった。

ゾーアウンも英語を勉強し始めた。若い人には世界を知ってほしい、それには英語が必要だとスーチーが話したのを聞いて、彼女が89年７月に最初の自宅軟禁に処されるまで彼女の自宅で開かれていた英語教室にゾーアウンは出ていたから、その続きだった。スーチー宅ではクラスが二つ開かれていて、彼は、20人が学ぶ初級クラスに出席していた。

獄中ではゾーアウンは、水浴びのときに、少数民族カレンニーの活動家の房に行って教わった。その人も、モウエイの教師と同じくキリスト教徒だった。70歳を超えた人だった。

英語の歌を教えてもらったといって、「ケセラ〜セラ〜ホワットエバーウィルビーウィルビー」とゾーアウンは僕に歌ってくれた。

「歌詞で時制を教わった。自分の孫に教えるように教えてくれた」

演歌を教わったタージーと同じである。

英語ができる翻訳家も、ゾーアウンの勉強を助けてくれた。翻訳家がゾーアウンのいる棟に入れられて来ると、英語を習得したいんです、とゾーアウンは翻訳家に頼んだ。

手製の辞典で1000単語を暗記

すると翻訳家は、紙とペンを入手して、辞典を作ってくれた。AからZまで5分冊、合わせて1000の英単語にビルマ語の意味をつけた辞典だった。

ゾーアウンはそれを懸命に暗記した。1日に25単語を目標に朝から覚え込んで、夜になると、単語と意味を暗誦した。それが正しいかどうかを同じ房の政治囚が辞典を見ながら確認してくれた。その政治囚も同じように暗記して、それが正しいかどうかをゾーアウンが確認した。そうしてすべて覚えた。

そしてゾーアウンも、『タイム』や『ニューズウィーク』を手に入れて読んだという。それなら、それを隠す穴倉があっただろうと尋ねると、やっぱり、あった、という。

彼らの棟の23の房のうち、四つの房に穴倉があったはずだ、とモウエイはいったが、これで三つは確定である。

ゾーアウンの穴倉は、僕が彼と会ったときに持っていた小型のリュックほどの容量だったという。このリュックが三つあれば、『タイム』なら200冊は入りそうだ。

ところが、ゾーアウンにいわせれば、ほかの房の穴倉はもっと大きく、穴倉の数も四つどころか、10近くあったらしい。つまり、半数近い房が穴倉を備えていたらしいのである。

「あれは秘密だったんだ。けれど、長く刑務所にいれば、あの房にあるな、とわかってくる」

見つかると罰を受けることになるから、秘密にされていたのだ。本を入手しながら、それを秘密にして貸さない人もいたという。

ゾーアウンは、貸し借りしながら読み進めた。

「最初は、『タイム』のたった一つの文の意味を理解するのに1週間かかったことがあった。一つの記事を読み終えるのに1か月かかったこともあった」

わからないところは覚えておいて、ほかの号で似た文を見つけては、比べて考えた。

モウエイが釈放された翌年、1997年にゾーアウンは、チョーズワモウらと一緒に、インセインからターヤーワディ刑務所に移された。むろん穴倉の蔵書を持って行くことなどできなかったのだが、ターヤーワディ刑務所でも、ゾーアウンらはすぐに勉強を再開できた。

「ずっと年上の、確か、教師をしていた人だった。一緒に移された人がいうんだ。おい、心配するな、頭の中に記事があるぞって」

その人は、彼らと同じように読んだ『タイム』と『ニューズウィーク』の記事を七つか八つ、丸暗記していたのだ。それが、獄中でのその人なりの勉強法だったらしい。記事を暗唱してもらって、ゾーアウンらはレジ袋に書きとめた。

「『タイム』や『ニューズウィーク』の編集者がこんなことを知ったら、何というだろうね？」

愉快に彼は語る。

ゾーアウンは、チョーズワモウより2年長く、判決通り10年間投獄されて、２００２年３月に釈放された。ゾーアウンもタイに出ると、チョーズワモウがいる『イラワジ』の記者になった。10年の総選挙のときは選挙報道を担当した。

研究所設立を目指して京都大学へ

そこからゾーアウンは研究者に転身する。

テーマは、工業化に伴う社会の変化だ。民主化の進展とともにビルマには外国から投資が押し寄せることが予想された。工業化が急速に進みそうだった。彼は、『イラワジ』２０１１年３月号にそれについて書いた。そのときにタイの工業化と公害の問題について調べてみて、これは短期の取材では手に負えない、と思ったのである。

彼は、奨学金を得て、タイの名門チュラロンコン大学で修士号を取って、13年11月から京都大学の東南アジア研究所に留学した。その28年前にアウンサンスーチーが留学した研究所である。

8か月間の留学期間中にゾーアウンは、バスに14時間揺られて、工場排水によって水俣病が引き起こされた熊本県の水俣を訪ねた。人々がぜんそくで苦しんだ三重県四日市にも行った。

44歳になった遅咲きの留学生には、社会の変化を追う研究所をビルマに開く夢があった。人々とともにある研究所にするのだ、と彼はいった。政府というものは、汚染問題が起きると、あの手この手で説明責任を果たすことを遅らせるものなのだ、と語るのだった。

ゾーアウンはなぜ獄中で勉強したのだろうか。

彼もいった。

「彼らは、私たちの知性を破壊しようとした。彼らがそれに失敗したことを証明したかったんだ」

「同級生グループ」の3人の言葉が同じである。他の政治囚と話し合ったのかと尋ねると、そんなことはしていない、とゾーアウンは否定した。

「私の考えだ。これが私の中で反撃する力になったんだ」

ぎょろりと目を見開いて、抗議するように彼はいった。

そこで僕は、ようやく気がついた。

彼らは心底怒っていた。深く怒っていたのである。政府に声を届けようとデモをすれば銃撃され、さらには投獄されて口を完全に塞がれて、つまりは無視されて、そのまま引き下がるわけにはいかなかったのである。

ゾーアウンはいった。

「私には、どこか楽しんでいるところがあった。思い通りにはさせないぞ、いつかその証拠を見せてやる、とね」

その彼らを、なんと多くの政治囚や看守が助けたことか。

釈放されると、彼らはジャーナリストになって、『イラワジ』や『ビルマ民主の声』からビルマで何が起きているかを報じるようになる。あるいは政治囚支援協会を設立して、政治囚がどう扱われているかを調べ、公表し始める。

それが実を結んだ典型的な例が、07年の大規模デモ「サフラン革命」だった。デモの先頭に立った僧侶は逮捕され、取材中の日本人ジャーナリストは殺害された。その映像や記事が即座にネットやテレビで世界に流れた。

その19年前、同じように推定3000人が殺された「8888」デモでは起きなかったことである。

それは、伝達手段であるネットの進化だけでは起きえなかった。事実をつかみ、取捨選択し、世界各国の人々が理解できる形にする力――それにはまず、世界で何がどう報じられているか、信頼される報道には何が必要かを知らねばならない――を備えた人たちがいたからこそ起きたのである。

変化は起きて、16年3月、アウンサンスーチーの側近のティンチョーが大統領に選出された。大統領夫人は、1989年の前半の半年ほどだったが、スーチーの自宅で開かれていた英語教室でゾーアウンに教えてくれたスースールウィンである。[▼20]

column 3

孤高の『ビルマ民主の声』東京特派員

2013年のアウンサンスーチーの来日、15年の総選挙の在外投票から、都内の大学で開かれる人権集会まで、ビルマにかかわる出来事が日本であると、そこでいつもたった1人でカメラを構えているのが、『ビルマ民主の声』の記者、ゾーゾーラインだ。

僕は、あちこちで彼と出会った。ビルマと名のつく出来事があると、そこに必ず彼がいるのだ。

彼も「8888」デモに参加した。1988年3月のデモで命を落として、この年の最初の犠牲者となったラングーン工科大学生ポンモーとは同じ寮に住み、顔見知りだった。ゾーゾーラインは91年に日本に逃れ、ビルマ国内の民主化運動を支援し、2007年に『声』に加わった。

「『声』が好きでしたから。『声』は、（ビルマ国内で）逮捕された記者の支援もしなければならなかったから、僕はお金はいりません、といって加わりました」

来日したスーチーが東京から京都に移動したときも、自費で同行した。

生活費は弁当店のアルバイトで得ている。朝5、6時から夕方近くまで働く。盛り付けながら、どう報じるかを考える。取材があるときは、早引けするか休みを取る。

「僕の映像は番組でよく使われます。それがうれしいんです」

アメリカのメディアから誘われたこともあったが、断ったという。僕も知っているそのメディアなら、きちんと給料が出たはずだった。

よく続くね、と僕がいうと、彼は小指の先を示して、「ほかの人に比べたら、私なんかこれくらい」と小さくなるのだった。

総選挙の在外投票が品川のビルマ大使館で始まった15年10月17日も、その朝に彼が大使館前で取材した映像が、午後には流れていた。翌18日の日曜日も投票が予定されていたが、彼はいった。

「明日はバイトがあるから、ここに来られるのは午後3時ごろかな」

じゃ、また明日。

4 声を上げる自由を得るために闘った

２０１３年4月13日土曜日、アウンサンスーチーが成田空港に降り立った。京都大学に留学して以来27年ぶりの、国会議員になっての来日である。

その日の夕方、彼女の演説会場となる東京・渋谷のホールには、日本に住むビルマ人２０００人が列を作っていた。早い人は朝９時から並んだ。大人も子どもも、ビルマの色鮮やかな民族衣装をまとっている。晴れ姿である。

食堂で働きながら、民主化団体を作って活動してきた知り合いの顔がある。23年前に日本に逃れて来た彼女もピンクの民族衣装を着て、喜びにあふれている。「こんな日が来るとは思わなかった」と興奮している。日本に来ていつの間にか10年、20年と経ってしまった、子どもはもう高校生だよ、というビルマ人の顔がいくつもある。

待ち焦がれたビルマ人たちの前に、午後4時、スーチーが登場した。大歓声が上がる。国民民主連盟のシンボル、赤地に黄色の孔雀が描かれた「闘う孔雀」の小旗が一斉にパタパタと振られる。

ステージに向かうスーチーのすぐそばを歩くビルマ人がいる。彼女の護衛だ。日本の警察官がついているから心配ないと思うのだが、その男も、目立たぬようにと体重１００キロ超のクマのような巨体を縮めて、彼女のすぐ後ろにいる。

その男も「同級生グループ」のメンバーだった。

ポウンミントゥンである。ビルマ人には、あだ名のマウンポウンとして知られている。

マウンポウンとスーチーの出会いは、この日から数えれば25年前、「８８８８」にさかのぼる。

「８８８８」デモが起きてスーチーが登場したとき、スーチーの身を守る護衛団トゥンヤウンチェー（３色）が結成された。黄、緑、赤の３色をシンボルカラーとする護衛団だ。身体の大きなマウンポウンは、友人に誘われて、その団員になった。そのときマウンポウンは18歳だった。

スーチーの父親のアウンサン将軍は、第二次大戦でイギリスと戦い、日本と戦い、イギリス相手に独立交渉をしただけではなかった。

少数民族が多く住むビルマ北東部のシャン州のパンロンで、「団結し、ともに働き、私たちに何が成し遂げられるかを見ようではないか」[1]と訴え、少数民族の一部とではあったが、協定（パンロン協定）を結んで、統一国家として独立する準備を進めていた。

この協定締結から５か月後の１９４７年７月、ラングーンの庁舎に押し入って来た男たちにアウンサンは射殺された。イギリス植民地時代のビルマで首相を務めたソオが暗殺の首謀者だとされて処刑された。

翌48年１月、ビルマは独立を果たすが、統一の要にあったアウンサンを欠いて、ばらばらになる。政府軍が少数民族やビルマ共産党と戦う内戦に突入し、独裁に至った。

優れた指導者を失う過ちを繰り返すわけにはいかないと、マウンポウンたちは、スーチーの護衛についたのである。ただし武器はない。身体を張って守る。非暴力の民主化運動なのである。

マウンポウンが護衛団に加わって2日後、88年8月26日、黄金に輝くシュエダゴン・パゴダの西広場で、スーチーは初めて演説をした。50万人に向けて「これは第二の独立闘争だ」と訴えた演説である。このときマウンポウンは、ステージの下で護衛していた。

それまで長く外国で暮らしていたスーチーは、当時のビルマ人にとっては未知の人だった。

「最初はみんな、アウンサン将軍の娘がどんな人かを見に来ただけだった」

と、マウンポウンはいう。

「あの演説で、そのみんなの目が開いた。みんなが独立を思い出した。さあ独立だ、ということになった」

5人ほどで発足した護衛団は30人に増え、スーチーの自宅の敷地に泊り込みで詰めた。地方遊説にも一緒に行った。

翌89年7月、アウンサン将軍が暗殺された「殉難者の日」の19日が近づくと、将軍の廟へ行進して追悼しようと計画するスーチーらと政府との間で緊張が高まった。行進は、見方を変えればデモである。弾圧が予想され、スーチーは行進を中止したが、20日に彼女は自宅軟禁に処された。これが彼女の最初の軟禁で、以降、6年間解けなかった。

護衛ができなくなったマウンポウンは学生組織に入り、91年1月に逮捕された。前年の90

年9月18日、軍が政権を直接掌握して2周年に当たる日に、マウンポウンは20人ほどの仲間と、「政治囚を釈放しろ」「スーチーを解放しろ」と数分叫んですぐ解散するゲリラ・デモをした。その仲間が次々に捕まり、マウンポウンは家に帰らず逃げ回った。3か月ほど経って、もう大丈夫だろうと思って帰宅した夜に逮捕された。

4年間投獄されて95年2月に釈放されたが、また捕まりそうになって、翌年、日本に逃れて来た。

ビルマ大使館に抗議に日参

それ以来、マウンポウンは、東京・大井町の古いアパートに住み、夜勤で生計を立てている。野菜を飲食店に発送する倉庫が職場だ。日曜を除く週に6日、一晩中働く。お台場の近くで冬は風がきついんだ、という。同じ職場に長くいるものだから、「黄ニラといえば岡山だね」などと日本の野菜に妙に詳しい。

昼間は、大井町から一駅の品川にあるビルマ大使館の前に立って民主化を訴えてきた。地方遊説中のアウンサンスーチーら国民民主連盟の一行が襲われた「ディペーイン事件」が起きた2003年から10年までの7年間は、日曜を除く毎日、大使館前に立った。台風の中でも立った。声を上げられないビルマ国内の人々の分も訴えるつもりだった。

10年にスーチーが3回目の自宅軟禁から解放されてからは月に2回、13日と30日に大使館前に行った。13日は1988年の一連のデモでの最初の犠牲者ポンモーの月命日、30日は「ディペーイン事件」が起きた日だ。飲食店で働くビルマ人が出て来やすい午後3時から1時間、大使館前に立った。毎回、数十人から100人の参加があった。

スーチーが来日した日も、マウンポウンは夜勤明けだった。目が赤かった。そのまま護衛についた。彼にとっては、89年にスーチーが最初の自宅軟禁に処されて以来、24年ぶりの護衛だった。珍しく仕事を休んで、彼女が帰国するまでの1週間ついて回った。

看守を味方に

『ビルマ民主の声』のモウエイは、マウンポウンと同じ獄房で2年間一緒に暮らした。モウエイは、マウンポウンを絶賛する。

「まるでジェームズ・ボンド。007だ。彼は、見事に看守を味方につけた」

マウンポウンはいう。

「みんな、あそこで英語がうまくなったんです」

他の政治囚より家が裕福で差し入れがふんだんにあったマウンポウンは、差し入れのカレーやビスケットを看守に分けた。「一緒に飲もう」と看守を誘って、インスタントコーヒーを半分ずつ飲んだ。

「友だち同士で食べるように一緒に食べてもらうんです。給料の安い彼らは、食べるのに困っていたから」

看守の顔色が悪いと、どうしたの、と気遣った。子どもを学校に行かせるお金がないと聞けば、お金を工面した。

「友だちになっちゃったね。看守とは」

もう20年になる東京暮らしで身についた日本語でマウンポウンはそういう。

そのうちに彼は、とくに仲良くなった看守1人に、毎月200チャットを渡すようになった。

さらには、彼らの棟の2階にいた、領海侵犯か何かで捕まったタイ人の囚人たちの中から、助手を選び出した。

タイ人の家族はビルマにまで面会に来られないから、差し入れがない。マウンポウンが食べ物や薬を分けると、とても助かるようだった。マウンポウンの房に、この人は熱があるんですと連れ立って来るようになった。

政治囚は、近くの房になら、水浴びに出されたときなどに、服の下に『タイム』の数ページを隠し持って出て、届けることができた。そうして回し読みや貸し借りができた。だが、別の棟には行けない。政治囚への食事配りなどの雑用を課されていたタイ人は、歩き回れて別の棟にも行けたから、マウンポウンは、看守を恐れないタイ人を選抜して、食べ物を分ける代わりに、手助けを頼むようになったのである。

塀越しに本を投げ込め

仲良し看守とタイ人の助手を得て、マウンポウンは、書籍を大量に持ち込む方法を思いつく。

最初は、看守が出勤時に制服の下に『タイム』を隠して持ち込むという、よく行われている方法で入手していた。しかし看守が、自分たちにも身体検査がある、服を着替えることになっちゃうよ、という。仲のいい検査官なら見逃してくれるが、もしとがめられたら、看守も投獄されて囚人服に着替えることになる。家族からの差し入れに忍ばせる手もあるが、差し入れも調べられる。

その危険がない方法である。

「すごいよー。誰もやったことがないことをやったよ」

愛嬌のある大きな目をまん丸にして、マウンポウンは得意そうである。

彼らがいたインセイン刑務所別館の塀は、隣の中央刑務所より低い。それを見て、彼は思いついた。投げればいい——

『タイム』に『ニューズウィーク』、ビルマの月刊誌計5冊を丸めてひもで縛ってレジ袋に入れて、夜、仲良し看守が、塀の外から別館の中の野菜畑に投げ込む。朝、野菜畑に作業に出るタイ人の助手がそれを回収した。別館ではそのころ、タイ人の囚人がナスやキュウリを作っていた。

運悪く、植えたばかりの畑に包みが落ちることがあった。丸見えである。そんな夜は、もうドキドキして眠れなかった。それでもマウンポウンは、釈放されるまで2年間、平均すれば月に1度、そうして5冊を入手した。つまり、2年間で120冊を入手したのである。

この投げ込み法で、他の政治囚も入手するようになる。

京大に留学したゾーアウンに尋ねてみると、書籍が順調に入った期間が4年ほどあって、その間、彼ら「同級生グループ」のもとには、雑誌だけでも月に10冊ほど入って来ていたはずだという。その半数が『タイム』『ニューズウィーク』『リーダーズダイジェスト』、半数がビルマの雑誌だった。小説も入手した。ゾーアウンは、アレックス・ヘイリーの『ルーツ』も読んだ。気に入ったね、という。

本当にたくさん持ち込まれていたのである。しかも、穴倉に隠すためにページを切り離して分解したから、冊数などわからなくなるのである。

こうして本を入手しながら、しかし、マウンポウンは英語の勉強はしなかった。

「勉強しようとは思ったんです」

と、彼はいう。

「けれど、看守とは僕がうまくコミュニケーションが取れたんです。お金もあったし」

マウンポウンの日課は、房の扉の前に座り込むことだった。扉の前に座れば、鉄格子のすき間から看守やタイ人と話ができた。すき間を身体でふさぐことにもなるから、看守が房の中をのぞきにくい。彼は長く座り込んで、すき間をふさいだ。そうすれば、モウエイら同房の仲間が勉強しやすいだろうと考えた。

そこに座ると、塀の上を鳥が飛び、雲の色が変わるのが見えた。遠くから結婚式の歌声が聞こえて来ることもあった。それに慰められた。

ビルマの雑誌はマウンポウンも読んだが、『タイム』や『ニューズウィーク』は読まないのに、「同級生グループ」に読んでほしくて毎月、買った。

「身体の自由はなくとも、脳は自由です。勉強すれば、刑務所にいることを忘れる。新しいアイデアもわいて出る。新しい政治も生まれる。それを応援したかったんです」

いま、みんな大活躍でしょう、とマウンポウンはうれしそうだ。

「1988年3月18日、学生のデモ隊がロンテイン（治安警察）に暴行されるのを目の前で見たんです。対話を求める学生を襲った。許せなかった。間違っていると思った。それで、自分にできることは何かと考えたんです」

この日の逮捕者71人は、護送車に定員超過で詰め込まれ、インセイン刑務所に着いたときには41人が死んでいた。窒息したのだ。それをようやく7月に国営放送が報じた[▼2]。

弾圧を目撃して、マウンポウンも頭に来たのだった。そこから自分の役割を見定めた。護衛団に入って大きな身体を生かし、獄中ではお金を工面して雑誌を入手したのである。

母メーシンの中華料理店

マウンポウンにお金があったのは、母のメーシンが腕を振るう中華料理店のおかげだった。1970年代半ばから続く北京ダックが名物の店で、逮捕前は彼もそこを手伝っていた。

ところが、そこが閉店する。

店には、アウンサンスーチーの大きな写真が飾ってあった。撮った人がマウンポウンにプレゼントしてくれた写真だ。マウンポウンはそれをしまっておいたのだが、母のメーシンが持ち出した。だがそれは、政府が自宅軟禁に処している大物政治囚の写真である。客が写真を恐れた。それでもメーシンは、店を開けている限りは、と写真を下ろさない。客は減り、マウンポウンの逮捕翌年の92年に、写真を下ろさず、本当に店を閉めてしまった。

イギリスのBBC放送を大きな音で聴く母親だった。ラジオを持っていない人たちが家のまわりに集まって聴いた。役人が来て、音を小さくしろ、5人以上集まるのは禁止、といった。だが母親は、音は電波の具合よ、人は勝手に来ただけよ、と近所に聞こえる大声でいい返す。お金がないという客にも料理を出し、客が風邪をひいたといえば薬を出す母親だった。

それが、母親の民主化運動だったのである。

「おかあさんは、店をやりながら、困っている人や学校に行けない人を見てきたからね」

と、マウンポウンはいう。

東京五輪選手だった父ティントゥンの投獄

不運が重なる。

閉店の翌年、1993年6月に父親のティントゥンも投獄されてしまうのだ。ティントゥンは、タイで発行されていた亡命メディアの一つ、『キッピャイン（同時代）』のコピーを手に入れて、それを仲間に配って捕まった。その年の2月に、デズモンド・ツツやダライ・ラマら歴代のノーベル平和賞受賞者が、アウンサンスーチーの自宅軟禁からの解放を求めたことを報じた号だった。

ティントゥンはボクシング選手だった。高校のクラブでボクシングを始め、63年にフェザー級のアジア王者になった。翌年の東京五輪に出場し、2回勝って準々決勝で判定で敗れた。ビルマのモハメド・アリと呼ばれたんだ、と息子のマウンポウンが自慢するボクサーだったが、11年間投獄されて、釈放の2年後の2006年に病没した。

アジア王者になっても政府は腕時計を一つくれただけだ、政府はスポーツ振興に関心がない、と父親はこぼしていたという。

父親の東京五輪選手証をマウンポウンは持っている。これが父なんです、と思いのほか小さな選手証を見せてくれたことがある。表紙に「TOKYO 1964」、その下におなじみの五つの輪の五輪マーク。開くと、彫りの深い顔立ちの男のモノクロ写真が貼ってある。ポルトガル人――15世紀に喜望峰を回ってインドに着いたバスコ・ダ・ガマは、ポルトガルの船乗りだ

——の血を引いているという父親の大きな目が、さすが親子だ、マウンポウンとそっくりだ。

その東京に母のメーシンはやって来る。

１９９０年代初めの東京にはバブル経済の余韻があった。そこで働くビルマ人が、店を閉めてどうするの、差し入れはどうするの、と母を心配してくれたのである。50歳を目前にしてのメーシンの再出発だった。

料理人だった母親は、パン屋の調理場で働くが、そこが1年で閉店し、煎餅工場に数か月勤めた。先祖は中国南部の雲南から渡って来たという母親は、雲南に接するシャン州で生まれ、中国語が話せる。東京で台湾人と知り合うと、その人の2人の子どもの子守りになり、台湾の整体を見よう見まねで覚えて、それを稼業にした。

中華料理店の閉店後も、獄中のマウンポウンに本を買い込むお金があったのは、この母親のおかげだった。

ぜひメーシンさんに会って話を聞きたいと頼んだが、それは無理だとマウンポウンはいった。

「おかあさんはあのころのことが悲しくて、思い出すと泣いちゃうんです」

マウンポウンは、95年2月に釈放されると、塀の外から政治囚を助けた。魚を発酵させたガピにニンニクや唐辛子を混ぜた調味料ガピージョーを作って、刑務所に面会に行く家族に持たせた。

「差し入れが何もないと、悲しいでしょう?」

ガピージョーの中に、メモを隠すこともあった。国連でビルマの問題が話し合われたとラジオで聞けば、それを紙片に書いてガピージョーの中に忍ばせた。

「希望を持てるように。それが一番大事なことなんです」

自分が獄中にいたときに、そうして手紙をもらって勇気づけられたのである。

ついに彼は、自ら政治囚に面会に行くようになる。

「刑務所に残された仲間たちは、元気か、という声を聞きたい。だから面会に行くことにしたんです」

家族以外は面会が許可されないが、仲のいい看守が見逃してくれた。メガネをかけて変装して、マウンポウンは毎週行った。

面会した彼は、政治囚が書いた手紙を刑務所から持ち出した。医療や食事が劣悪で、新聞は読めず手紙も出せない、国連の力に期待する、と書かれた手紙だった。それは何人かの手を経て、国連に届いたはずだった。

それが95年11月に発覚した。彼の名前も挙がった。それで、母のいる日本に逃れて来たのだった。

▲2013年４月15日、来日したアウンサンスーチーが、かつて暮らした京都を再訪して、講演した。マウンポウン（右端）も同行して、見守った

ラジオを聴いて獄中速報を発行

1995年11月、インセイン刑務所別館で「同級生グループ」が勉強に熱中していたころ、隣の中央刑務所で穴倉が発覚した。中央刑務所の政治囚も穴を掘っていたのである。この穴倉事件の裁判記録が持ち出され、『インセインの無罪主張』と題されて、政治囚支援協会のウェブサイトに掲載されていた。政治囚の裁判記録が世に出た例はおそらくほかにない。

元政治囚のこれまでの話からすると、独裁下の裁判は裁判と呼べる代物ではないが、この事件の渦中にあった元政治囚によれば、この裁判記録にあることが実際に起きていたという。

裁判記録にある被告は22人。後に『ビルマ民主の声』に加わるモウエイを「書け」と励ましたジャーナリストのウィンティン、国民民主連盟党員、雑誌発行者、学生活動家らである。容疑は以下の通り。

一、刑務所にラジオを持ち込んでニュースを聴き、ニュース速報を発行した。

一、雑誌『ニュー・ブラッド・ウエーブ（新しい血潮）』と『ラングーン大学創立記念誌』を刑務所内で作り、それを回覧した。

一、国連あてに、95年7月1日付の手紙「不正に収監されているインセイン中央刑務所の良心の囚人の証言——ビルマの人権侵害に関する請願」を刑務所から出した。

マウンポウンが持ち出したのが、この国連あての手紙である。発足50周年を迎えた国連に政治囚は期待したのである。

裁判記録によれば、「拷問で消耗していたから、雑誌作りどころではなかった」などと反論する被告がいたが、翌96年3月28日付で全員に7年の判決が下された。[3] すでに受刑中の彼らの刑期が7年延長されたのである。

いまはジャーナリストのズィンリンが、この事件にかかわっていた。

1947年生まれのズィンリンはいう。

「子どものころ、毎朝、コーヒーの時間に、祖父のために新聞を読み上げた。それが子どもの私の日課だった。記事をみんな読み上げた」

アジア随一といわれた言論の自由があって、多様な新聞が発行されていた時代だ。だから、政治のことが子どものころからわかっていたという。

ズィンリンは、独裁が始まった62年以降に生まれたボーチーや「同級生グループ」がビルマを出るまで味わえなかった自由を知る世代の人だった。独裁が幕を開けたとき、ズィンリンは15歳。学生組織に彼は加わった。

彼が91年から6年間投獄されたときに、「国民会議が開かれる」と、獄中の彼らが耳にしたことが穴倉事件の発端だった。

90年の総選挙でアウンサンスーチーの国民民主連盟が圧勝したのに独裁政府が居座り、まず新しく憲法を作るといって設けたのが国民会議だ。「8888」デモを弾圧して軍が政権を直接掌握したときに、それまでの74年制定の憲法を無効としたから、国民会議で話し合って、新しく憲法を作るというのだった。

国民会議は93年1月に開会した。議員は702人。内訳は、90年総選挙の当選者107人、国民民主連盟など政党から49人、そのほかは民族、農民、労働者、有識者の代表といった人たちだった。[4] その人たちがどのように選ばれたのかはわからなかった。民主連盟は、90年の総選挙で485議席中392議席を得たのに、政権は移譲されず、国民会議への参加も計90人ほどに抑えられていた。

開会してみると、議員の1人がタイに逃亡して、軍が自らの思惑を議員に押しつけている、と非難した。別の議員は、会議を批判する文書を配ったとして逮捕された。[5]

国民会議は何度も中断し、新憲法は15年後の2008年にようやく制定される。

この国民会議が始まるという話が、開会前年の1992年末に、獄中のズィンリンたちの耳に入った。国民会議とはいかなるものか、自分たちも考えなければならないと彼らは思った。

看守も学びたかった

そのために彼らはまず、マウンポウンと同じように、看守を味方につけた。暮らしに余裕のある政治囚が家族に頼んで差し入れの食べ物の量を増やしてもらって、それを看守に分けた。

ズィンリンの英語も役立った。看守に英語を教えたのである。高校卒業資格を取りたいという20歳前後の看守が、教えてほしい、とズィンリンの房に来た。

「助けてほしいんです、先生、教えてください、といって来るんだ」

房の前に来た看守に、扉越しに房の中から教えた。

「学校では1人の教師に多くの生徒。給料が少ない彼らは塾にも行けないから、一対一で教わる機会なんてそれまでなかった。アイ・イズと覚えていた看守もいた」

他の科目が得意な囚人もいて、看守の間では、物理ならあの房へ、化学はあそこと、教わりに行く房がいい伝えられていたという。

水浴びに出された政治囚が近くの房に行って教わるのと同じようにして、看守も学んだのである。

政治囚は、看守と良好な関係を築くと、『タイム』などの書籍とともにラジオを持ち込んでもらった。オランダのフィリップス社製だった。

隠し場所は、ここでも穴だった。三つか四つの房ごとに穴を一つ掘ったから、穴倉は10近くあったのではないかという——どうやら、インセイン刑務所は穴だらけである。

政治囚は、持ち込まれたラジオを聴いて、ニュース速報を発行した。房の隅で1人がイヤホンでBBCやVOAを聴き、メモを取る。メモは別の房に送られて、そこで速報が手書きで作られた。発行は週1回、A5判で20から30ページあった。300人ほどの囚人がそれを回し読みした。

『ニュー・ブラッド・ウエーブ』と『ラングーン大学創立記念誌』は1冊ずつ作られた。『ニュー・ブラッド・ウエーブ』は、1988年のデモでの1人目の犠牲者ポンモーを追悼する雑誌だった。彼が命を落とした3月13日に出された。

憲法をめぐる攻防——アウンサンスーチーの抵抗

国民会議への評価は割れたという。会議には国民民主連盟も参加している。それを支持する人もいれば、あんな会議はごまかしだという人もいた。

ニュースを追えば、議員が逃亡したり逮捕されたりして、自由に議論しているとはとても思えない会議だった。

元政治囚によると、1995年8月ごろ、国民民主連盟の創設者の1人でもあるジャーナリストのウィンティンの意見が刑務所の外に伝えられた。国民会議が民主的なものに改善されないなら、民主連盟は参加を止めるべきだ、という意見だった。それが秘密の伝言ルートを通じて獄外へと伝わった。

その3か月後の95年11月、アウンサンスーチーの自宅で国民民主連盟は記者会見を開いた。スーチーは、その年の7月に最初の6年間の自宅軟禁を解かれて、連盟の書記長として政治活動を再開していた。

90年総選挙の当選者が国民会議議員のわずか15％しかいない、会議に提出する文書が検閲されている、十分に話し合うことなく決定が下されている、と指摘する声明を国民民主連盟は出した。そして、改善に向けて対話を求めた。

政府はそれに応じなかった。国民民主連盟は、国民会議のボイコットに踏み切った。連盟抜きで国民会議は進められ、国会の議席の4分の1を軍に割り当てるという新憲法案が作られた。2008年5月、死者・行方不明者14万人、被災者240万人という大災害となったサイクロン「ナルギス」の被災直後に、その新憲法案が国民投票にかけられて、新憲法は成立したことになった。投票率98％、新憲法案支持92％という驚くべき投票結果が発表された。

1995年、新憲法作りをめぐって、国民民主連盟と政府は決定的に対立したのだった。その後、新憲法に基づく総選挙を経て新政府が発足し、その初代大統領となったテインセイン元将軍とスーチーが会談する2011年8月まで16年間、対立は続いた。スーチーが補欠選挙に出て下院議員になるのはその翌年のことだ。

1995年当時、国民民主連盟がボイコットしても、国民会議はそのまま続行されるだろうことを連盟は承知していた。しかし、こんな憲法作りに手を貸すことは連盟にはできなかったのである。そして、非協力に転じ、それを貫いたからこそ、後に連盟は、この新憲法の改正を堂々と主張できるということになる。

政治囚から国会議員に、大統領に

国連あての手紙は、ズィンリンらが草稿を書き、ウィンティンが仕上げ、政治囚100人余りがそれに署名して、1995年7月ごろにマウンポウンらによって刑務所から持ち出された。

その後、その手紙がどのようにして国連に届いたのか、あるいは届かなかったのか、僕は突き止めることができなかった。しかし、少なくとも手紙の内容は伝わったと思える。ビルマに向けて国連決議が毎年出されていた。94年の決議の一節はこうだった。

「裁判なしで拘束されて6年目となるノーベル平和賞受賞者のアウンサンスーチー、他の政治指導者、政治囚をただちに無条件で釈放するようミャンマー政府に再度呼びかける」[6]

手紙が持ち出された後の95年12月の決議はこうである。

「政治指導者とすべての政治囚をすぐに無条件で釈放するよう、彼らの健康に留意するよう、彼らを国民和解のプロセスに参加させるよう、ミャンマー政府に強く求める」[7]

政治囚の健康を守ることや、政治囚の国民和解への参加、つまりは政治への参加まで求めている。
この手紙が持ち出されて4か月後の95年11月にそれが発覚し、ウィンティンらが裁判にかけられて刑期が延びたのだった。ズィンリンは、以前は軍用犬が飼われていた犬小屋に半年入れられたが、裁判は免れた。
そしていま、彼らにも変化が訪れていた。
ズィンリンと同じ房にいて、犬小屋に一緒に放り込まれた政治囚2人が国会議員になった。スーチーと同じく2012年の補欠選挙に国民民主連盟から出て、1人が上院に、1人が下院に当選した。15年の総選挙では、地方議会も含めて当選者の1割が元政治囚である。▼8
16年3月に民主連盟から大統領になった、スーチーの側近のティンチョーも投獄されたことがある。BBCによれば、00年9月にスーチーが、政府による行動規制に抗って、列車に乗って北のマンダレーに向かおうとして2回目の自宅軟禁に処されたときに、同時に駅で捕まって、4か月間投獄された。▼9
マンデラが南アフリカで、ハベルがチェコで政治囚から大統領になった歴史が、ビルマでも繰り返されたのである。

「真夜中は夜明けの先駆け」——獄中で書かれた1行

ズィンリンらのほかにも、雑誌を作った政治囚がいた。獄中で作られた雑誌が国外に持ち出され、東京に暮らすマウンポウンが保管していた。それを4冊、僕は見せてもらった。

1冊は文庫本の2倍の大きさで、80ページあった。目次に、1993年12月10日と日付がある。アウンサンスーチーのノーベル平和賞授賞式の日からちょうど2年後の日付である。どのページにも、小さなビルマ文字がぎっしりとボールペンで書き連ねてある。マーティン・ルーサー・キングの似顔絵が描かれていて、これが結構うまい。筆跡を見れば、4、5人で書かれたもののようだ。

他の3冊は、どれも文庫本と同じ大きさだった。そのうちの1冊の表紙が、何とも奇妙な絵だった。囚人が両手で鉄格子を握っている。その囚人が一つ目で、その目が赤い。鉄格子の上には、赤い大きな星が描かれている。これも、どのページも丸いビルマ文字で埋まっている。3、4人で書いたらしい。136ページある。

ビルマ語に堪能な研究者にこれを見てもらった。

表紙をめくると、「国民、民主主義、人権、平和」と書かれている。その次のページに「ポンモー死去14周年記念」とある。ポンモーは88年3月のデモで命を奪われ、この年の最初の犠牲者となった大学生だから、2002年にこの雑誌は作られたことになる。

ビルマ独裁政府の実力者タンシュエ将軍がフィリピンを訪問したとき、民主化を訴えるデモが彼を出迎えた、と書かれている。亡命メディア『キッピャイン』の記事からの引用らしい。雑誌を獄中に持ち込んでいたのか、記事の中身を覚えていたのか。

政府への批判が書かれている——1962年にネウィン将軍が権力を奪って、学生や労働者、僧侶まで犠牲にした。豊かな資源があるのに、最貧国になった。

恋人を思う文章がある——この10年の間に、もう結婚して子どもがいるのだろうか、僕を待っているのだろうか。僕のことは忘れてください。来世でまた会いましょう。

「真夜中は夜明けの先駆け」と、大きな文字で書かれたページがある。

筆者はビルマにいた。

「フリーダム・オブ・プレス」「フリーダム・オブ・プレス」「フリーダム・オブ・プレス」

さすがにまだ、この雑誌をビルマに持って入るわけにはいかない。税関かどこかで見つかって没収されたら貴重な資料を失うことになる。コピーでも、そこから筆者が割り出されたら、筆者が困ることにならないだろうか——そう心配になって、表紙の奇妙な絵だけを描き写して行くことにした。獄中には、数は減ったが、政治囚がまだいた。油断はできないと僕は思った。

ビルマに着いて何度か電話して、早朝の電話で筆者をつかまえることができた。彼は、僕の服装を尋ねて場所を指定し、その日の午前10時から30分間そこで待て、と告げた。それだけだった。用件も聞かない。盗聴を警戒したというより、電話が雑音だらけでよく聞こえないのだった。

10時を10分すぎたところで、少し離れた歩道に、片手を上げて合図を寄越す男が現れた。帽子を目深にかぶっている。タクシーで移動して、彼のなじみの喫茶店に入った。

彼は2回計16年間投獄された政治囚だった。年は49歳。1988年のデモでの最初の犠牲者ポンモーの友人だった。ポンモーは誠実で高潔だった、一緒に喫茶店に行ってお金が足りないと、お茶は君らが飲め、自分はいらないという男だった、と話す。ラングーン工科大学生だったポンモーも、生きていれば彼と同年輩である。

ポンモーの話を聞きながら、描き写してきた絵を彼に見せた。「ポンモー死去14周年記念」と書かれた雑誌の表紙の絵だ。一つ目の囚人と赤い星の絵である。

これを覚えていませんか。

「これは獄房だ」

「星は革命の印だ」

などという。

僕の下手な手描きだからピンと来ないのか。

これは雑誌の表紙の絵です。

「君は実物を見たのか」

そういって彼は、獄中で小さな雑誌を作った、と話し始めた。

僕がメモを取っているノートに手を触れて、いった。

「このノートと同じ紙と表紙だった」

その通り。中はふつうのノートと同じ紙、表紙と裏表紙は厚紙だった。

雑誌を3種類作った、と彼はいう。

まず『タピョウタッ（一瞬で殺す）』。これは絞首刑を表わす言葉だという。

次いで『鶴の声』。

それから『花の根』。

この三つをそれぞれ1号から5号まで出したという。それから、詩集も4、5冊出した。

ということは、全部で20冊ほど作ったことになる。

僕が描き写してきた絵のことも彼は思い出す。

「これは『タピョウタッ』3号の表紙だ」

彼はずっと独房にいたという。1人きりで、通路からは死角になる扉の脇の壁に張りついて、壁を机にして書いた。他の政治囚も書いて、それを夜、看守が彼の房に運んで来た。彼がそれを一冊にまとめると、政治囚20人ほどが回し読みした。

みんなが読み終えると、看守が刑務所から持ち出した。政府批判が書かれた危険な雑誌である。そこから、さらには国外へと持ち出されたのだった。

ほかに客のいない、がらんとした喫茶店で、ひっそりと彼は唱えた。

「フリーダム・オブ・プレス」

「フリーダム・オブ・プレス」

「フリーダム・オブ・プレス」

言論の自由と、しゃがれ声で彼は3度唱えた。まるで祈りのようだった。

16年間獄中にいた彼はいった。

「そのために、私は闘ったんだ」

彼の名はアウントン――名前を書いていい、と彼はいうのだった。少なくともこの程度のことを明かしても弾圧されない自由を、いま、彼らは手に入れたようである。

トイレットペーパーに針で穴を開けたノルウェーの囚人

ひそかにラジオを聴く。ニュース速報を発行する。

それはかつて、ナチス・ドイツに占領されたノルウェーの人々がしたことだった。

1939年9月、ドイツがポーランドに攻め入って第二次大戦が始まった。40年4月にはノルウェーに攻めて来た。ノルウェー国王と閣僚はイギリスに逃れた。

そこに、ナチス・ドイツに従う者が現れた――ナチスの侵攻が始まると同時に、自分が新首相である、とラジオで宣言したノルウェーの政治家クイズリング（Quisling）の名は、英和辞典を見れば、いまでは裏切り者を指す言葉として掲載されている。

一方で、ナチスに抵抗する人々も現れる。欧州各地にそうした人々が現れて、レジスタンス（抵抗）運動を始めた。

ノルウェーでのそれがどんなものだったかを、オスロの古城アーケシュフースで僕は偶然見ることになった。『ビルマ民主の声』のモウエイに何度か会って話を聞く合間に、この古城に出かけた。城からオスロ・フィヨルドの北端の湾が見下ろせた。静かな水面をフェリーや小船が行き交い、空にはカモメが舞っていた。穏やかな風景だった。ノーベル平和賞授賞式会場となるオスロ市庁舎が右手に見えた。

城の中にレジスタンス博物館があった。入ると、戦闘場面を再現した模型があった。

オスロ・フィヨルドで撃沈されるドイツの巡洋艦ブリュシャー。

ノルウェーにあった重水の製造施設の破壊作戦。中性子の減速材として核開発に使える重水を連合国軍が葬った。連合国としては、ナチスに使わせるわけにはいかなかったのである。

展示を見て歩くうちに、僕は愕然とした。

獄房。ナチスの秘密国家警察（ゲシュタポ）が人々を押し込んだ。そこで囚人は、トイレットペーパーに針で穴を開けて文字をつづった。戦後、そんなものが床板の下から1500ページも見つかった。拷問や窮乏がつづられていた▼10。

入れ歯。捕らえられたノルウェー軍将校は、イギリスＢＢＣのヨーロッパ向け放送をこれで聴いたという。展示の説明文にそう書かれている。入れ歯にラジオを仕込んでいたのだ――ナチスへの抵抗も、ビルマでの独裁への抵抗も、同じだったのである。

たくさんの新聞も展示してあった。

『WHISPERING TIMES（ささやきタイムズ）』

『LONDON-RADIO（ロンドン・ラジオ）』

そんな題字の新聞だった。タイプ打ちされた小さな、新聞というより手紙だ。

展示の説明文と博物館のガイドブックの記述をまとめれば、戦争中、こんなことが起きていた。

１９４０年6月、２か月間の戦闘の後にノルウェーはナチスに占領された。だが、ノルウェーには、ニュースも、レジスタンス活動への暗号指令も、ＢＢＣのラジオ放送で伝えられた。それを知ってナチスは、41年夏、人々からラジオを没収した。

だが人々は、ラジオを自作し、または隣のスウェーデンやイギリスからこっそり持ち込んだ。それを聴いて、ひそかに新聞を作った。占領直後に最初の新聞を出し、43年秋には、制作と配達に５０００人が従事して、60紙余りを発行していた。日刊とはいかなかったようだが、週に2、3回、数千部を出す新聞があった。

言論の自由をナチスは恐れる。42年10月には、新聞の制作と配達に死刑を適用すると定めた。１０００人が投獄され、２００人余りが命を落とした。[11]

これらの新聞は、ナチスからの一方的な宣伝への対抗手段となっただけではなかった、とノルウェーの歴史家が著書に記していた。人と人とをつないだという。少数ながら勇気と指導力を備えた人がいて、その人たちが多くの人々とつながる手段が存在したことが、試練に耐える力となる団結を生んだ、という。▼12

そこまで読んで、やっと僕は気づいた。

ビルマでも同じだったのだ。

日本からの声明を配り、獄中で雑誌を出すことの最も大切な役割は、誰かとつながることにあった。そうして、誰かを孤独や孤立から救い出していたのだ。メッセージを発するというそのことが重大だった。声を上げる誰かがいるということがそれで伝わる。そんな人がいるとわかれば、たとえ、それが誰で、どこにいるのかわからなくとも、希望が持てる。いつか手をつなぐことができる、と力がわく。

人々は、だから、危険を承知で声明をばら撒き、雑誌を回覧したのである。

レジスタンス博物館から歩いて30分、レンガの壁に落書きが残る古い4階建てのビルの3階に上がって『ビルマ民主の声』の扉を開くと、マーティン・ルーサー・キングの言葉がプリントされて掲示板にピンでとめてあった——最大の悲劇は、悪人による抑圧や残虐ではなく、善人の沈黙である。

ノルウェーの支援を得て、92年、『声』は、そこからビルマに向けて短波ラジオ放送を始める。

その放送にどんな意味があるのか、独裁に抵抗した歴史を持つ人たちには、それがよくわかるのだ。

column 4

ビルマを迎え入れた東南アジア諸国連合

東南アジアも、北東アジアと同じく、もめ事を抱えてきた。

アメリカが1962年に南ベトナムのサイゴン（ホーチミン）に援助軍司令部を置いて乗り出して、南北ベトナムが戦ったベトナム戦争が75年まで続いた。隣のラオスやカンボジアも戦火にまみれた。

78年末にはベトナムがカンボジアに侵攻して、都市住民に農村への移住を強いて170万人を死に追いやったポル・ポト政権を国境地帯に退けた。

タイとカンボジアも、2008年から11年にかけて、世界遺産のプレアビヒア寺院近くの国境線をめぐって武力衝突を起こした。

マレーシアで働くインドネシア人家事労働者の待遇が問題になったり、インドネシアの森林火災の煙がマレー半島に流れる煙害も生じている。

それでも、この地域が比較的安定して見えるのは、東南アジア諸国連合（ASEAN、アセアン）があるからだ。

東南アジア諸国連合は、1967年にインドネシア、タイ、マレーシア、シンガポール、フィリピンの5か国で設立された。当初は共産主義勢力への対抗措置と目されたが、84年にブルネイ、95年にベトナム、97年にビルマとラオス、99年にカンボジアが加盟し、6億人を超える域内人口を抱える地域協力機構に成長した。

95年には、この10か国で、核兵器の保有を禁じる東南アジア非核地帯条約を結んでいる。

東南アジア諸国連合は、会議とその参加国を続々と増やしてきた。

毎年恒例の外相会議のほか、首脳会議、経済閣僚会議、さらにはエネルギー相や運輸相、農林相などの閣僚会議がある。日本や中国、インド、アメリカ、ロシアも含めた拡大外相会議、北朝鮮も交えた地域フォーラムも設けられた。

各国の安全保障研究者による会議も毎年開かれている。

お隣同士は、とかくもめ事が起きやすい。しかしこの地域には、政府間、そして民間の長年の交流があるから、混乱は起きても、大混乱は防ぎうるだろうという期待が持てる。よく顔を合わせ、また、よく顔を合わせることにしておけば、互いに無茶ができなくなるという知恵が働いているように思われる。

5 独裁の再来を防ぐために

ビルマは1948年に独立するまで、日本による占領を挟んで60年間ほどイギリスの植民地だった。長く支配者の言葉だった英語がいまもよく通じる。見事な英語使いに思いがけないところで出会うことがある。

タイ北端のメーサイから国境の川に架かる橋を歩いて渡れば、そこはビルマの町、ターチレイだ。冬休みに日本からタイに出かけて、その町まで行って、そこのパゴダにお参りしたときだった。絵葉書売りの男が、ビルマはむずかしいところにあるのだ、といって、人口14億人の中国と13億人のインドという二つの大国に挟まれた人口5000万人のビルマの地政学的困難を語ってくれたことがあった。とうとうと語るその英語があまりに立派で聞き惚れた。

それから8年後の2015年3月、BBCのインタビューで新政府の初代大統領テインセイン元将軍が同じ困難を語っていた。

「わが国は、多くの人口を抱える二つの国、インドと中国に挟まれている。だから、わが国の指導者は、主権と統一をつねに守って、支配されないようにしてこなければならなかった」

このことは、08年制定の新憲法にも反映されているのだという。▼1 非常事態が生じれば、軍司令官が全権を握る、という新憲法の条項のことらしい。

この困難は、1990年代半ば、ビルマ軍将校が僕に語ったことでもあった。そのころ彼らは、具体的な懸念を抱えていた。国境地帯に陣取る少数民族組織が、隣国と強固な関係を築くのではないかという懸念だった。国の分裂阻止を任務に掲げる軍としては、気になることのようだった。

ビルマの民主化は、いつのころからか、「上からの民主化」といわれるようになった。独裁政府が自ら変化し始めたと見えるからだ。

独裁政府が変わり始めた要因の一つとして、少数民族組織が近年疲弊し、60年余り続く内戦に和平の機運が高まってきたことが考えられる。和平が成れば、当面の分裂の危機は去る。そうなれば、軍は改革を迫られることになるだろう。まずは、内戦に向けられていた部隊や予算を見直すことになろう。将来の危機を新たにどう想定するかによって、軍全体の役割や軍事力も再検討されることになるはずだ。平和が来れば、それは、多くの国民のみならず、現役の軍人にとっても初めてのことだ。2008年の新憲法で、軍は政治に参加できると定めたのは、それへの備えでもあるようだ。

「インドと中国に挟まれている」とテインセイン元将軍がいうような、隣国との関係もその要因の一つ——もしかしたら、重大な要因の一つ——ではないかと僕は思う。

アメリカが1997年にアメリカ企業のビルマへの新規の投資を禁じ、2003年にはビルマからの輸入を止め、金融取引も制限するなど、民主化が進まず、人権侵害も止まないビルマに対し、欧米は経済制裁を強めてきた。

欧米から距離を置かれて、ビルマ経済は、近隣諸国を頼りにするしかなかった。近隣のタイやインドネシアなどが１９６７年に作り、拡大を目指す東南アジア諸国連合も、97年にビルマを加盟国として迎え入れた。タイとの間にパイプラインが造られて、98年から、ラングーンの沖合で産出される天然ガスがタイに輸出されるようになった。

その近隣諸国の中でも近年、中国が、東南アジア諸国連合やインドをはるかにしのぐ経済規模を持つに至った。

しかも、中国にとってビルマは、かつては「援蒋ルート」が通っていたように、パキスタンなどと同じく、南の海への通路になりうる位置にある。その通路が開けば、中国と中東やアフリカを結ぶ船舶は、狭いマラッカ海峡をあまり通らなくて済むようになる。

中国やビルマなどが投資して、ベンガル湾に臨むビルマ西部のアラカン（ヤカイン）州チャウピューと中国南部をつなぐパイプラインが造られた。アラカン沖で掘り出される天然ガスは２０１３年から、中東からタンカーで運ばれる原油は15年初めにここで陸揚げして中国に送ることができるようになった。チャウピューに計画されている経済特区も、中国企業などが開発することに15年末に決まった。[▼2] 北部のミッソンでも、中国、ビルマ企業などが09年に水力発電ダムの建設を始めた。中国からの投資が増えつつあった。

「鎖国」に戻るか、民主化するか

中国企業などのミッソンでのダム建設計画は、しかし、シンガポールほどの面積が水没するといわれ、広範な反対運動が起きて、2011年9月、ビルマの新政府は、建設を凍結すると宣言した。「国民の意思を尊重する」と新政府初代大統領テインセインは表明した。[3]

14年3月の『イラワジ』によれば、アウンサンスーチーを迎えた集まりで、中国に近いビルマ第二の都市マンダレーの作家たちは、こう訴えた。過去20年の間、中国人がやって来て住み着いてきた、街の中心部が高値で買われ、元の住民は郊外に移っている、と。作家の1人がいった。「マンダレーは静かに中国人の手に落ちた——文化的、社会的、経済的に」[4]

この訴えがどこまで事実に基づいたものなのか、マンダレーに長く行っていない僕にはわからない。だが、もし、近隣諸国からしか投資が来ないということが続けば、いつかビルマ政府は、それらの国々に対して、建設凍結などとはいえなくなるかもしれない——もし、ビルマが経済発展を望み、しかし、それに必要な経済特区やダムを独力で造るお金や技術がビルマにまだなく、しかも、造ろうという国が近隣諸国のほかにないとすれば。つまりは経済の主権を失い、同時に、このような感情が広がるかもしれない。

歴史を振り返れば、1937年まではイギリス領インドの一つの州として統治されていたビルマには、多くのインド人がやって来て、港湾労働、農業労働、金融業、公務員などの多様な職に就いた。31年には、ラングーンの人口40万人の半数をインド人が占めていた。港湾での労働者ストライキなどをめぐってビルマ人とインド人との間で暴動が30年と38年に起きて、多くの死傷者が出た。[5] 67年には、中国の文化大革命の影響がビルマにも及び、それをきっかけに、中国人に対する暴動が起きた。[6]

選択肢は二つしかなかった。多くの国と関係を結ぶか、経済発展をあきらめて62年のクーデター後のような「鎖国」に戻るか――開くか、近隣諸国に対しても閉じてしまうか――である。

最貧国といわれる状態が続くビルマの独裁政府にとって、選ぶべきは、開く、しかなかったはずだ。その近道は、民主化に踏み出して、欧米に経済制裁を解いてもらうことだった。民主化して欧米の経済制裁が解除されたら、欧米以外の国も投資しやすくなって、多くの国を資源豊かなビルマが引き寄せるのは目に見えていた。多くの国が進出して来れば、どこか一国、または少数の国に依存して、そこに「ノー」といえなくなるという可能性は小さくなる。どこからどれほどの投資を受け入れるか、バランスを取れば、一国の存在感が突出して大きくなるということも避けうるだろう。内戦の推移に加えて、経済も見ながら、独裁政府は民主化に踏み出したと僕には思える。

「ザーガナーを自由に」――ロンドンで上がった声

そして、欧米をはじめ各国の政策に影響を与えてきたのが、民主化運動だった。１９９０

年以降、ビルマを統治すべきは、90年の総選挙で圧勝したアウンサンスーチーの国民民主連盟だった。その選挙結果は独裁政府が反故にしたが、人々の意思は明確だ。その民主連盟は、独裁政府に民主化を促す圧力として、ビルマに対する経済制裁を支持してきた。民主主義を掲げる国々が、その意向を無視することはできなかった。欧米の制裁が徐々に解かれ始めるのは、新政府が発足し、コメディアンのザーガナーらが釈放され、民主化が始まったと見えた２０１１年以降のことである。

人権弾圧の実態を亡命メディアや政治囚支援協会が明るみに出したことも影響した。実態を知った各国の人権団体や労働組合がそれぞれの国でデモをしたり、ビルマ政府に働きかけるよう自国政府に要求したのである。各国に逃れたビルマ人もその力になった。

決定的だったのは、それらをビルマ国内の人々も知ったということだろう。

フランスの非営利団体、国境なき記者団が、ビルマ国内でのメディアの視聴状況を10年11月の総選挙のころに調べている。新政府発足の前年で、検閲が続いていたころである。

２９５０人に尋ねたところ、６割が『ビルマ民主の声』の衛星テレビを「毎日」または「しばしば」見ていた。衛星アンテナの販売は禁じられていたが、こっそり売られて、テレビ所有者の推定1割が衛星アンテナを備えていた。また、66%がＢＢＣやＶＯＡ、『声』などの国外からのラジオ放送を「ほぼ毎日」か「しばしば」聴いていた。[7]

規模は不明だが、亡命メディアの雑誌を入手したり、チャットやメールで外国とつながる人たちもいた。

独裁政府の情報統制は、いつの間にか、完璧から遠いものになっていたのである。

それを繕うためだったのだろう。国営新聞には、『声』やBBCは怒りをあおっている、惑わされるな、という標語が掲載されるようになった。ビルマ国内に潜む亡命メディアの記者が逮捕された。数人でネット・メディアを始めた日本のビルマ人は、ビルマ海軍少佐を名乗る人物から「お前のところのニュースは嘘だ」というメールが何通も来た、と話す。

ザーガナーが、4度目となる3年半の投獄から11年10月に釈放された後、多くの人や団体があなたの釈放を求めましたが、とビルマ人僧侶らによるインタビュー企画の中で問われてこう答えている。

「2010年1月、警察の高官が1人、私の房を訪ねて来た。数冊の本とコーヒー、歯ブラシ、石鹸をくれた。そしてこういった。『私は毎晩、ラジオを聴いている。すると、あなたのニュースが流れる。アムネスティーの人たちが、ロンドンらしいんだが、あなたの写真を持ってデモをしている。ザーガナーを自由に、という運動だ。私は、あなたは釈放されるべきだと思う。あなたに同情する』。彼らの心は、外国からの圧力でかなりやられたと私は思うんだ。私が釈放されたとき、この高官が刑務所の前で出迎えてくれた」

圧力が、ゆっくりゆっくり政府の人たちの心に効いたんだ、とザーガナーは語っている。▼8
「上からの民主化」と見える変化には、下からの力が相当働いているようだ。

教えられたことを覚えるだけだった学校

僕は、ビルマのあちこちで立派な英語を聞かされて、英語はビルマの第二言語のようなものだと思っていた。

だから、ボーチーたちが大学生でありながら刑務所で英語を勉強したと聞いて、申し訳ないけれど、最初は彼らの言葉を疑った。ビルマの大学生なのに、英語ができない——そんなことがあるのか。

独裁の下で教育がどう扱われたか、ビルマと他国の違いがわかる数字が国連開発計画の「人間開発報告書1997」にあった。[9] 教育費と保健費の合計額に対する軍事費の割合が国別に算出されている。

ビルマは1960年に241％、91年に222％。60年には教育費と保健費の合計額の2・41倍の額を軍事に使い、それが31年後は2・22倍だったということだ。教育や保健より多くのお金を軍事に充てていたのである。

まわりの国は、軍事費のほうがもともと少なく、その割合も低下した。

タイ96↓71
マレーシア48↓38
フィリピン44↓41
インド68↓65

インドネシア207→49、韓国273→60、世界109→38という大幅な低下を見れば、89年に東西冷戦が終わり、独裁があちこちで崩れて行く姿が目に浮かぶ。ビルマは241→222と、変わりがない。

ビルマ政府軍の兵力は、64年の13万人余りから88年には約20万人[10]に増え、近年は30万人から40万人に達したといわれる。人口が2倍の日本の自衛官が定員25万人である。

教育はどうなったか。

5歳から9歳が初等教育の対象だが、学校に行っているその年齢の子どもは84%（2010年）にとどまる。中学に進む子は53%（08年）とさらに落ちるが、1999年には34%だったから、これでも向上したのである。[11]

「多くの子どもが学校に行けずに、街なら食堂で、村なら農地で働き、幼いきょうだいの面倒をみているのです」

アウンサンスーチーの国民民主連盟で教育を担当するテインルウィンはそう話す。

国会議員も問題にした。その発言を2013年2月の国営新聞が伝えた。

「初等教育は無料だといわれるけれど、私の地元の子どもは、月に5000から1万チャットを負担している」[12]——このように問題提起できることが、曲がりなりにも10年の総選挙で国会が復活した成果だった。授業料は無料だが、制服代などが必要だった。[13]

家庭に余裕のない子どもや、学校が遠い子どもには、僧院の学校がある。寺子屋だ。

1400校以上ある。▼14

家計を助けるために、そこにも行けずに働く子どもがいた。

テインルウィンは、ビルマ中部のペグー（バゴー）管区の村の出身だ。人口8000人のその村で、彼の親戚が10年から翌年にかけて調べてみると、5歳から16歳までの子ども2000人のうち300人が、公立学校にも寺子屋にも行っていなかった。

それに加えて、小中学校の教育の中身にも問題があるようだった。1952年生まれのテインルウィン自身の経験がその中身を物語る。

「教師に質問する機会はありませんでした。教えられたことを覚えるだけでした」

彼の世代から20年下って72年生まれの元政治囚で、日本映画『黒い雨』を見て、原爆被爆からの復興に心を動かされて日本語を学んだというミャピュピャに聞けば、彼女もこう話す。

「これとこれを混ぜればこうなる、で終わり。先生のいった通りにノートに書き、それを暗記して、答案用紙に書くだけ」

京大に留学した69年生まれのゾーアウンはこういった。

「なぜ、と尋ねると、教師は、教師のいうことが信じられないのか、教師の知識への挑戦か、と解釈した」

2013年6月、国営新聞にこんな記事が出た。

「わが国の多くの学校が、耐えられないほどテストに夢中で、しかも、この問題にはあの解答、というやり方で悪名高い[15]」

疑問を持つ、問いを立てる、つまりは自分の頭で考えるということが学校では教えられなかったらしい。

デモの発生源でもあった大学はよく閉鎖されて、講義そのものがなかった。独裁が始まった1962年から76年まででは、そのおよそ5分の1の間は閉鎖されていた[16]。元政治囚によれば、「8888」以降も同様で、「8888」デモから91年まで閉鎖され、その後も、90年代前半は毎年、半年間は開校したが、学生デモが起きた96年末から3年ほどまた閉鎖された。大学の分散移転も進められた。学生を分散して、デモに出られないようにするためだといわれた。

ラングーン近郊に新設されたダゴン大学の英文学科に96年に入学したスェウィンはいう。

「自分の国に自由がないことはわかっていた。それでも、大学になら少しはアカデミックな空間があるだろうと期待していた。それが、まったくなかった」

そんな空間を作ろうと、彼は、パンソダン通りで本を買って寄付して、大学に自分たちの図書室を開こうとした。同級生も賛同してくれたが、数十冊持って行ったところで、デモが起きて大学が閉鎖された。

「教育を受ければ、服従しなくなります」

国民民主連盟の教育担当、テインルウィンはいった。

「人は、教育を受ければ、服従するということはなくなります。彼らは、教育を受けた中間層は不要だと考えたのでしょう。支配するのがむずかしくなりそうですから」

本来なら、教育を受けて知識や技術を身につけた人々が、専門職や管理職といった中間層を形成したはずだった。そうした人々が政治を変える力になっていったはずだった。他の途上国がそうして変わってきたように。

だが、ビルマに中間層は育たなかった。大学は閉鎖され、企業は国有化され、軍人が天下りした。

教育が受けられなかったことも、若者たちを国外に押し出す要因になった。

テインルウィンもその1人だった。中学教師だった彼は、1988年にアウンサンスーチーが国民民主連盟を作るとそれに加わった。そして、93年にタイに出た。

「いつ逮捕されるかわからない国でしたから。それに、もっと勉強したかったんですが、大学が閉鎖されていましたので」

ドイツで働く友人に誘われて94年にドイツに渡り、奨学金を得てイギリスのニューカッスル大学に入った。教師だったテインルウィンは教育学を学んで博士号を取り、2000年にタイのチェンマイまで戻ると、ビルマの教師たちに新たな教育法を伝え始めた。

それは、10年5月の彼の論文によると、子どもが批判的に考え、学びの主人公となる教育法だ。「批判的思考のための読み書き法」と呼ばれる。国境沿いにある難民の子どもが通う学校の教師や、さらには、ビルマ国内からも教師がチェンマイに来て2週間の課程でこれを学んだ。学んだ教師が他の教師に広めて、ビルマ国内だけでも、すでに１４００人の教師が課程を終えている。[17] ビルマ国内からは、最初のころは、国境をひそかに越えて学びに来たという。

この教育法は、論文によれば、平和な社会に移行するには、学校で民主主義を実践することが重要だという考え方に基づいており、すでに東欧や南米などの30か国で使われている。テインルウィンは、まず、新たな教育法を取り入れてみることから、ビルマの教育を変えようとしていた。

その活動費用は、イギリスの慈善団体プロスペクト・ビルマなどから出ていた。プロスペクト・ビルマは、彼のイギリスでの大学進学の奨学金を出してくれたところでもある。

そしてこの団体は、スーチーのノーベル平和賞の賞金から寄付を受けています、とテインルウィンはいう。

つまり、あなたのイギリスでの博士号取得は、スーチーの賞金のおかげでもあるわけですか、と尋ねると、そういうことになります、という。

彼が僕のノートに書いてくれたアドレスからプロスペクト・ビルマのウェブサイトを見れ

ば、これまでに１５００人に奨学金を出した、とある。スーチーの賞金基金からも資金援助を受けている、と書かれている。いまでは、彼がこの団体の理事の1人になっている。[18]

スーチーは、知性を磨けと演説しただけではなかったのだ。彼女は数十の賞を受け、ノーベル賞では1億円余りの賞金を得ているが、こんなところに使っていたのである。知性をめぐる闘いはこんなところにまで及んでいたのである。

テインルウィンも元政治囚だった。１９８２年から2年間、インセイン刑務所にいた。もしかしたらと思って、刑務所で勉強しませんでしたか、と尋ねてみた。

「英語を勉強しました」

そういって、彼はにっこりするではないか。

最初の4か月間は独房にいて、それから4人と同じ房になった。その中に大学教授がいて、英語ができた。床にレンガで書いて、他の4人に教えてくれた。小さな英英辞典も持ち込まれた。歴史や政治の英語の本を読みたいと思っていたテインルウィンは、毎日、勉強したという。

国民民主連盟の教育担当者も、獄中で学んだ1人だったのである。

国民民主連盟が開校

テインルウィンは、チェンマイから２０１２年4月に帰国し、教育改革とともに、国民民主連盟の学校も担当するようになった。連盟は、放課後に子どもたちが学ぶ無料の学校、日本でいえば塾を各地に100校開いている。各校それぞれ100人ほど、計1万人の子どもが学んでいる。

そのうちの1校、12年8月に開校したラングーン市内の学校を見学させてもらった。

住宅街の狭い路地の奥にある簡素な平屋が校舎だった。21人の小学2年生が、「コ」の字型に並べられた机を囲んでいるところだった。5人の教師が、前から後ろから子どものノートをのぞき込み、教えている。ときおり、子どもの鉛筆を手回し鉛筆削りで削ってやっている。

土日を除く毎日、公立学校の放課後、午後2時45分から8時半まで、学年ごとに1時間ほどの授業がある。教師は全員ボランティアで、仕事を終えると教えに来る。ここの教師も、テインルウィンから教育法を教わったという。

授業を見学していると、この学校の運営委員会の者だという人たちが続々と現れた。

「ここは無料です。暮らしが苦しい家庭の子どもがいますから」

「寄付して、子どもの笑顔を得るんです。自分の腹を満たすのではなくてね」

地域の人たちの寄付のおかげで、ここは教科書もノートも無料なのだという。

「親御さんにも教育を受けられなかった人たちがいるんです。そんな親御さんの中には、教育の価値を知らず、子どもの教育に熱心になれない人がいます。そんな問題もあるんです」

「あなたの国は発展しているでしょう？　私たちの国はこれからなんです」

そんな人たちが、いつの間にか10人ほどに増えている。これは私が出し始めた新聞です、差し上げますといって、新聞をくれる。真っ赤なスイカを切って出してくれる。

それでは、スイカまでご馳走になったので、少し寄付を置いて帰ろうとすると、ちょっと待って、と感謝状が持ち出されて来た。赤い縁取りの立派な感謝状だ。アウンサン将軍とアウンサンスーチーの写真がカラー印刷されている。国民民主連盟の学校だから、シンボルはやっぱりこの親子なのだ。

感謝状に僕の名前と寄付金額が書き込まれる。十数人が見守る中、校長がわざわざ立ち上がって手渡してくれる。これはもう立派な贈呈式である。彼らの自慢の学校なのである。

ナチス政権を生んだ反省から——財団の役割

ビルマの政治囚からは、ジャーナリストや政治囚支援者、教育者らが輩出したが、それには、彼らの勉強のほかに、要因がもう一つあった。

プロスペクト・ビルマやアウンサンスーチーのほかにも、お金を出す人や国が出現していたのである。

1970年代半ば以降、民主化が南欧や南米で広がり始める。アジアでも、フィリピンや韓国、台湾で民主化が進み、東欧では共産主義体制が崩れ落ちる。91年にはソ連が解体する。

アメリカの政治学者サミュエル・ハンチントンが著書『第三の波』で、何がこの民主化の波を起こしたのか、重要な役割を果たしたと思われる変化を挙げて考察している。

その変化とは、一つには、権威主義的な体制の正統性が、経済不振や70年代の2度のオイル・ショックなどによって損なわれたこと、また、60年代の世界的な経済成長によって多くの国で生活水準が上がり、教育が拡充され、都市部の中間層が増大したこと、さらには、欧米とソ連の政策が変わったこと、などだ。[19]

ビルマの元政治囚から話を聞くうちに、釈放後の彼らには、欧米の変化が重要だったということがわかってきた。

ハンチントンによれば、アメリカの政策は70年代初めに変わり始めた。カーター政権で人権が世界的な課題とされ、続くレーガン政権は、共産主義と非共産主義、どちらの独裁国をも民主化すべく動く。その象徴が、全米民主主義財団の創設だという。[20]

この財団ができたのは83年。先例があったと財団のウェブサイトにある。東西統一前の西ドイツだ。ナチスに壊された民主主義を再建していた西ドイツの政党系の財団が、60年代に海外援助を始め、70年代のポルトガルとスペインの民主化に貢献した。[21]

それが拡大される。

全米民主主義財団は、サイトによれば、国から議会を通して予算を得て、人権やメディア、法の支配を強める活動をする外国の非政府団体を援助している。ビルマへの援助は90年に始まり、2012年には50団体に計340万ドル（当時2億7000万円）を出している。[22]

メーソットの政治囚支援協会も、ここから援助を受けた。協会を設立した00年に4万ドル（430万円）をここから得た。それが支援協会にとっては最初の本格的な援助だった。[23] さらにはオランダやノルウェーなどからも援助を受けて、協会は、年20万ドルほどの予算を持つようになる。

いまでは世界中に多種多様な財団があって全体像をつかむのはむずかしいが、メディア向けの援助については、全米民主主義財団の国際メディア支援センターの報告書『独立メディアを強化する』（2012年）にまとめられている。

それによれば、メディアへの援助は、1989年、ソ連や東欧の共産主義体制の終焉がきっかけとなって急拡大した。欧米の政府や財団から旧共産主義諸国に援助が流れ込み、調査報道から広告管理に至るまで、あらゆる事柄についてワークショップが開かれた。

2010年にアメリカでは、国際開発庁、国務省、オープン・ソサエティー財団、全米民主主義財団、ナイト財団、フォード財団などが計2億2200万ドルを出した。

同じ年にアメリカ以外からは、欧州連合8000万ドル、イギリス4500万ドル、オランダ4000万ドル、スイス3500万ドルなどの援助があった。アメリカ以外の援助を合計すれば、アメリカより少し多い2億6500万ドルになる。合わせて5億ドル（440億円）ほどである。これがアジアやアフリカにも届いた。[24]

日本については、かなり多額の海外援助をしているが、メディアを援助した形跡は少ししかないように見える、とこの報告書には書かれている。[25]年5億ドルというメディアへの援助総額は、例えば日本の政府開発援助額が93億ドル、アメリカが331億ドル（2014年）であることを考えれば、援助の世界ではそう大きな額ではない。その援助が役立ったのだと、『イラワジ』を創刊したアウンゾーが、アメリカのジャーナリズム専門誌に書いていた。

『イラワジ』も、他の亡命メディアと同じように、欧米から資金を得ている。こうした援助がなければ、『イラワジ』も他の多くの亡命メディアも、長くは続かなかっただろう、と。[26]独裁時代、主要な市場であるはずのビルマ国内で販売することが不可能だった亡命メディアが活動を広げるには、販売以外の収入源が必要だったのである。

メディア支援を専門にする非営利団体が欧米にはいくつかある。90か国余りで活動してきたというインターニュースは、その報告書によれば、04年にチェンマイで10か月間のジャーナリズム教育プログラムを始めた。多くの修了生がいま、ビルマのメディアで重要な位置にいるという。[27]

ウェーモウに続いて、タイでジャーナリズムを学んだ人たちがいたのである。チェンマイは、テインルウィンがビルマ人教師に教育法を伝えた町でもある。民主化の準備がこうして隣国で進められていたのである。

先人の手助け

2010年のメディア援助額が全米民主主義財団を上回り、アメリカ国務省に迫るのが、オープン・ソサエティー財団だ。創設者はジョージ・ソロス。著名な投資家だ。

1944年に故郷のハンガリーがナチス・ドイツに占領されたとき、ユダヤ系の14歳の少年だったソロスは、父親が手配した偽の身分証でユダヤ人虐殺を逃れた。次いで、ハンガリーがソ連に占領されると、47年にイギリスに渡る。そう彼の著書にある。

イギリスでの1冊の本との出会いをソロスは書いている。

ロンドン・スクール・オブ・エコノミクス（LSE）への入学を待つ間、私は、ブレンフォードでプールの係員をしながら、たくさん読み、考えた。その中の1冊がカール・ポパーの『開かれた社会とその敵』だった。この本にはすっかり参ってしまった。ナチと共産主義には共通点がある――どちらも、究極の真実を手に入れたと主張している、とポパーは述べている。究極の真実などというものは人智の及ぶものではないから、どちらも現実を歪めて解釈して得られた考え方にすぎない。だから結局、それらは抑圧的な手段で社会に押しつけられることになる。それとは異なる社会のあり方をポパーは挙げていた。それは、究極の真実には手が届かないということをわきまえて、平和に共存するために、異なった見方や関心を人々が持てる社会にする、というものだった。オープン・ソサエティーとポパーはそれを呼んだ。ドイツとソ連の占領を経験したばかりの私は、オープン・ソサエティーという考え方に魅了された。[28]

後に、財を成したソロスは、オープン・ソサエティー財団を設立する。財団のウェブサイトによれば、79年にアパルトヘイト（人種隔離）体制下の南アフリカの黒人学生に奨学金を贈ったのを手始めに、支出総額はこの30年間で１３０億ドルを超える。[29]

ソロスがイギリスに渡ってから46年ののち、テインルウィンがビルマを逃れ出る。イギリスで学んでビルマの教育改革に乗り出したテインルウィンの論文を見ると、彼も、プロスペクト・ビルマのほかに、オープン・ソサエティー財団などからも援助を受けたと書いてある。[30] 先人が力を貸した形である。

援助する側も試されている

だが、反対側から見れば、このような援助は陰謀なのだった。ビルマの国営新聞に記事が出た。

オープン・ソサエティー財団など7団体の名前を挙げて、『『難民』の名で暮らす国外在住者に物質的、精神的援助を与え、ミャンマーを破壊する陰謀に手を貸している」（2003年8月12日）[31]という。

亡命メディアへの援助についても、「嘘のニュースの背後にいるのは、全米民主主義財団だ」という。

「全米民主主義財団は、ロナルド・レーガン大統領の時代に、メディアを通じ、また抵抗運動を起こすことによって、ソ連側の共産主義諸国を揺さぶるために設けられた。ソ連が崩壊すると、アメリカの操り人形となる政府を途上国に作るために、メディアを使い、抵抗運動をたきつけてきた」（2010年12月7日）[32]

情報統制が万全だった時代には、陰謀説に説得力があったのだろう。1990年代半ば、ビルマ軍の大佐は、アウンサンスーチーを操って混乱を起こそうと企む者がいるが、彼女はそれに気づいていない、と僕に説いた。その混乱を防ぐことが、彼女を軟禁する理由の一つであるようだった。別の将校からも、欧米寄りの組織がたくさんあって、それらが彼女を利用しようとしている、と聞かされた。イギリス、次いで日本に占領され、中国とインドに挟まれ、少数民族組織と内戦を続ける彼らは、警戒を怠ることはできないようだった。

だが、亡命メディアが作られ、多彩なニュースが報じられるようになって以降は、強い敵が背後にいると必ず語られる陰謀説は、その根拠が疑われるようになったことだろう。国境なき記者団の調査で、6割の人が『ビルマ民主の声』の衛星テレビを見ていたことがわかったが、そのようにして、ビルマ国内の人々の耳目に、国内での人権弾圧から、近隣の途上国とアメリカとの関係まで、幅広くニュースが飛び込むようになったのである。そこから、考えを深めた人たちがいたはずである。

一方で、援助を受ける側には懸念があった。『イラワジ』のアウンゾーが、編集の独立にとって最大の課題は、長い目で見れば、財団などとの関係かもしれない、そう考える発行者や編集者がいる、と専門誌で指摘していた。▼33だが、これには、援助を受ける側に打つ手があった。どこから援助を受けるか、選択できるのである。

援助する政府や財団はたくさんある。欧米だけでなくアジアにも財団ができている。しかも、援助の根っこにある民主主義にも、アメリカの民主主義もあればノルウェーのそれもあって多様だ。援助する主体も政府から個人まで多様だ。だから、援助する側が援助先を選ぶように、援助を受ける側も相応の力があれば、相手を選べる。政治囚支援協会のように、複数の財団や政府から援助を得ることもできる。

民主化以外の思惑を秘める財団がないという保証はない。ある財団の名前を僕が挙げたとき、亡命メディアの記者の1人は、あんなところのはいらない、と鼻で笑った。民主化団体のメンバーは、私たちだって相手を見ている、駆け引きもする、と話した。

援助する側も試されている。

2000年代の終わりに、某国の大学に留学することになった元政治囚の話である。7年間の投獄から釈放された後、奨学金を得て留学することになった彼は、国境のモエイ川をタイヤのチューブに乗って渡り、タイのメーソットに入った。翌日、チェンマイに移った。そこでパスポートを手に入れた。

欧米かどこかに渡ったビルマ人が残したパスポートだった。写真を貼り替えて、13歳年上のその人物になりすました。そして、飛行機に乗って某国に入った。

その大学は、それを知りながら彼を受け入れた。彼はそこで1年間学んだ。

ソロスと同じように、偽の書類に助けられたのだ。

「その大学にはビルマの専門家がいて、事情をよく理解してくれていた。大学の職員もとても親身だった」

と、彼はいう。

独裁下のビルマでパスポートを取得するのはむずかしいことだった、航空券を買うのは夢のようなことだったんだ、と彼はいった。

彼も、獄中で英語の小説をよみふけった政治囚だった。

上のいいなりは独裁の始まり

独裁下、国外に逃れたビルマ人は、労働運動も始めた。

各国の労働組合の支援を受け、2000年代に入ると、タイの国境の町メーソットのホテルの部屋を借りて、労働者の権利や労使関係について教える教室を開いた。後には校舎を借り上げた。年に何度か、ビルマ国内から数人から数十人が出て来て、1、2週間、そこで学んだ。国境のモエイ川に腰までつかって来た人もいたという。

「みんな、目がピカピカしているんです。学びたいんです」

そこで講義をしたマウンミンニョウはそう話す。

彼も、1970年代に2回計2年近く投獄された元政治囚だ。

この独裁では未来はないと、81年末に日本に渡った。岐阜県のガソリンスタンドで働いて日本語を覚え、進学の道を探った。

ビルマ戦線に送られた名古屋の元日本軍兵士が6畳一間のアパートを無料で貸してくれることになって、名古屋大学大学院に進んだ。頼りは、月5万円の奨学金だった。

ラングーン大学で水産学を専攻した彼は、まず、農学研究科に入ることになって、魚を研究して89年に農学博士号を取った。その後、政治を学ぶべく法学研究科に入り直し、96年に48歳で博士課程を終えた。

東京に移ると、労働組合「連合」が支援するビルマ日本事務所（2014年閉所）の事務局長を務め、ビルマの民主化を訴えてきた。

メーソットの教室で彼が担当したのは政治学だ。こう講義した。

「上司の個人的な依頼に応じることが、独裁の始まりです」

独裁を知る彼はこういうのだった。

「上司のおかしな指示には反対する。したことを記録し、後で検証できるようにする。そういう合理性のある組織を作らねばなりません。素晴らしい活動家が民主化を進めたとしても、それだけでは、その活動家が消えたら終わりです。独裁がまた始まります。合理性のある組織として、政党や労働組合を作り上げなければなりません」

ビルマの諺でも、「100回話したことよりも、一つの文字のほうが重い」というのだという。

新政府発足の翌年、2012年末、彼は31年ぶりに帰国した。64歳になっていた。

6 独裁を倒す方法

２０１０年末、北アフリカのチュニジアで、失業中の若者が焼身自殺を図った。それが発端となって人々が立ち上がり、「アラブの春」が中東の国々に広がると、１人のアメリカ人学者が注目を集めた。

『独裁から民主主義へ』を書いたジーン・シャープである。

『ニューヨーク・タイムズ』はこう伝えた。

「アメリカでシャープの名を知る人はわずかだろう。しかし、非暴力革命について彼が書いた実用書——最もよく知られる『独裁から民主主義へ』は、独裁を倒すための93ページの指導書で、24言語でダウンロード可能——は、長年、世界中の反体制派を鼓舞してきた。そこにはビルマ、ボスニア、エストニア、ジンバブエが含まれ、いま、チュニジアとエジプトが仲間入りした[1]」

カタールの『アルジャジーラ』の報道にはこうあった。

「イラン政府は08年に、シャープはＣＩＡのエージェントで、ジョン・マケイン（注・アメリカの上院議員）やジョージ・ソロスとホワイトハウスで話し合っている、というアニメーションを作った。ダマスカスのアメリカ大使館の公電——後にウィキリークスが公開した——によれば、シリアの反体制派は、シャープの書籍を読んで非暴力運動の訓練をした。07年の別の公電によれば、ビルマの当局者は、シャープはビルマ政府を『転覆』しようと企む１人だと考えた[2]」

お決まりの陰謀説が唱えられるほど、シャープの本は強力だった。独裁の秘密が暴かれていたのである。

原理は単純だ。独裁者には、彼らが統治する人々からの支えが欠かせない。それなしで、政治的な力の源泉を彼らが握り続けることはできない。[3]

そしてこの支えには、服従も含まれる。第二次大戦中、ユダヤ人を強制収容所に移送する任務に就いたナチス・ドイツの親衛隊中佐アドルフ・アイヒマンの裁判を取材した政治哲学者ハンナ・アーレントが、こう指摘している。

「政治はお遊戯の場ではない。政治においては、服従することと支持することは同じである」[4]

1960年にアルゼンチンにいるところを発見され、イスラエルに連行されたアイヒマンは、アーレントによれば、義務を果たしたのだ、といく度も警察や法廷で述べた。命令に従い、法律にも従った、というのだった。[5]

その義務の中身が問題だった。ナチス政権は、まず多くの障害者を、そして600万人といわれるユダヤ人を収容所などで殺害したのである。たとえ、自らの手で殺害したわけではなかったにせよ、自分たちは他の人種とは違うなどと考えたヒトラーの政権を支えた官僚の

1人として、アイヒマンは62年に絞首刑に処された。56歳だった。

アーレントは書いている。

「昇進を非常に強く望んでいたほかに、彼には何の動機もなかった。そして、それ自体は犯罪的なことではまったくなかった……平たくいえば、彼はただ、自分がしていることの意味がわかっていなかった」。そして「誰がこの世界に住み、誰が住んではならないかを決める権利をあなた（注・アイヒマン）とあなたの上司が持っているかのような」政策が実行された。▼6

90年代半ばに僕が会ったビルマ軍の将校たちは、独裁という言葉から連想されるようなこわもての人たちではなかった。まじめな人たちに見えた。

彼らはいった。

「内戦が解決し、新憲法ができれば、我々は、次の政府に権力を手渡す」

「人々によって選ばれた人たちが統治すべきだというのはその通りだ。その方向に世界が動いていることは知っている。我々は、混乱を治めるために乗り出しただけだ。誰かが汚れ役を引き受けねばならなかったのだ。いずれ我々は、徐々に退いて行くことになるだろう」

だが、それがいつになるのか、それは誰にもわからなかった。

２００８年にようやくできたその新憲法は、国会の議席の4分の1と、治安を担う国防相や内務相を軍が受け持ち、改正には軍の同意が必要、というものだった。つまり、いまのところ軍は、治安という権力の根幹に当たる部分を保持したままだ。一方で、１９９０年の総選挙ではアウンサンスーチーの国民民主連盟の圧勝という選挙結果を反故にし、２０１０年の総選挙はスーチーを軟禁したまま行い、15年の総選挙でついに結果を受け入れて民主連盟に政権を譲った。

その間、04年には、ビルマに駐在する外国の外交官らから、他の将軍たちより現実的で柔軟だといわれていた独裁政府の序列３位、キンニュン将軍が解任されるという出来事があった。僕が会った将校は、キンニュンが局長を務めていた諜報局、人々がＭＩと呼んで恐れていた部署の所属か、それに近い人たちだった。キンニュンの解任と同時に、彼の部下だった将校たちも投獄された。

この全体を眺めれば、権力をいつから、どの程度、誰に任せるか、独裁政府は揺れたのだろうと考えられる。03年8月に独裁政府は、国民投票を経て新憲法を制定し、総選挙をし、国会を開くという民主化の手順、いい換えれば、軍が退く手順を発表し、事態はその後、その通りに進んだのだが、問題はその中身と実施時期だった。スーチーら民主派の人々や亡命メディアは、それに影響を与えてきたのである。

いま振り返れば、スーチーが、父親のように暗殺されることもなく、この四半世紀を生き延びたことが、どこか不思議なことのように思える。03年5月、地方遊説中の国民民主連盟一行が殴打されて70人が殺されたといわれる「ディペーイン事件」では、スーチーの車も襲われた。１９８９年４月にはスーチーは、やはり遊説先のダヌビューで、大尉に率いられた兵士４人に銃を向けられた。そこに少佐が駆けつけて、発砲されることはなかった。このとき、いまは東京に住むマウンポウンが護衛についていた。

民主化を強く望む軍人もいたのだろう――ボーチーが、釈放後、家庭教師として英語を教えた生徒の中に、軍人の子どもがいた。ボーチーが元政治囚であることをその軍人は知っていたが、それを気にすることはなかったという。

経緯も結果もまったく異なるが、それでも、時空を超えて同じ言葉が繰り返された。

諜報局元局長、キンニュン元将軍の言葉を『イラワジ』のアウンゾーが記している。２００４年10月に解任され、自宅軟禁に処されて７年後に解放された元将軍に、アウンゾーは会いに出かけた。

アウンゾーの記事によれば、キンニュンは「私は、拷問も投獄もしていない」といってから、間を置いて、こうつけ加えた。

「しかし軍では、我々は命令に従わねばならない▼[7]」

命令に服従する、崇拝して盲従する、お金や地位ほしさに追従する、同調する――仕方なく、あるいは積極的に、多くの人が支えるからこそ独裁は成り立つ。

では、どうすれば独裁は倒れるのか。シャープはいう。

抑圧者や独裁者への協力を人々や組織が止めれば、どんな統治者にも欠かせない力の源泉が細り、途絶えることになるかもしれない。源泉が使えなくなれば、統治者の力は弱まり、ついには消え去ることになる。[8]

その協力や支持を止めることが、人にはむずかしいらしい。世界各地で独裁を生んだ人類の実績がそれを物語る。交渉で打開できないものかと考えるが、シャープはこう警告する。

宗教に関する原則、人の自由の問題、社会全体のこれからのあり方、といったものにかかわる根源的な問題を争う場合、交渉しても、双方が満足できる解決には至らない。根源的な問題には、歩み寄る余地がないからだ。根源を守り切るには、力関係を変えて、民主派を有利にするしかない。そうした変化を起こすのは、交渉ではなく、闘争である。交渉してはならないということではない。重要なのは、力のある民主派が存在しないのに、強力な独裁を交渉で倒そうとするのは現実的ではない、ということである。[9]

不支持、不服従

『独裁から民主主義へ』の中で、闘争をどう組み立てるべきかをシャープは詳細に述べ、闘争の方法として198の非暴力行動を挙げている。

演説をする、宣言を出す、旗やシンボルカラーを掲げる、抗議または支援集会を開く、ストライキをする、社会・スポーツ活動を中止する、消費をボイコットする、預金を下ろす、「病気」で出勤を拒否する、公立学校から退学する、等々である。▼10

独裁に対して不支持を表明し、協力を拒み、その輪を広げようとする行動である。ならば、読み書き禁止という監獄の規則に抗って勉強することも、その一つだったのである。

シャープは、暴力的な手段については、武器、弾薬、輸送、兵力において独裁者はほぼつねに優位にあり、民主派は勇敢であってもかなわない、として退けている。▼11

そして、独裁を倒せたとしても、それで終わりではない。シャープによれば、それまでの独裁の下で、人々や人々の組織が弱くなりすぎ、政府が強くなりすぎている。このバランスを正さない限り、新たな統治者が独裁的になる恐れがある。一方で、闘争をすることによって人々が力を発揮するようになれば、そこから人々の組織を強くすることができる。闘争の中で知識や技術も人々は得ることができる。そうして力関係を変えていければ、それが民主的な社会を作ることにつながる。そうシャープは説いている。▼12

政党や労働組合を理にかなった組織として作り上げることが民主化には必要だ、というビルマ日本事務所元事務局長マウンミンニョウの言葉に通じる指摘である。

『独裁から民主主義へ』によると、シャープがこの本を著したのは、ビルマの亡命メディア『キッピャイン』の発行者だったティンマウンウィンに依頼されたからだった。まず

1993年に『キッピャイン』にビルマ語と英語で連載され、翌年にその二つの言葉でブックレットとして発行された。インドネシアの学生が、バンコクの書店で英語版を見つけて買って帰り、97年にインドネシア語版が出版された。別の英語版1冊がベオグラードに持ち込まれて、セルビア語に訳された[13]。そうして『独裁から民主主義へ』は広がった。

『キッピャイン』は、『イラワジ』と同じころに創刊された亡命メディアの老舗だ。マウンポウンの、元東京五輪選手の父親がコピーを配って捕まった雑誌である。発行者のティンマウンウィンはすでに亡く、数年前に廃刊になったようだ。

シャープは、『独裁から民主主義へ』によれば、ノルウェーでファシストに抵抗した人々や、ナチスの支配から逃れたユダヤ人たち、また、それを助けた人たちに会ってきた。共産主義体制について読み、パナマ、ポーランド、チリ、チベット、ビルマなどの人たちに接してきた。天安門事件が起きたときの北京の天安門広場や、ビルマの民主派が拠点を一時置いたタイ国境近くのマナプロウも訪れている[14]。

だが、この本がビルマで広く読まれることはなかった。

政治囚支援協会などがまとめた『ビルマの女性政治囚』に、元政治囚のこんな話がある。

「逮捕されたのは96年6月です。捜索しなければならない、と彼らはいいました。彼らが見つけたのは、アウンサンスーチーの著書『恐怖からの自由』と、もう1冊、『独裁から民主主義へ』でした。彼らは、この2冊について尋ねなければならない、ほかのことも聞かかなければならないといって、私を連行しました」（『ビルマ民主の声』で２００２年11月5日にラジオ放送された、医師キンマーチーへのインタビューから。彼女は放送の前月、10月29日に釈放された）[15]

本当の歴史を知るために、昔の本を探した

独裁が成り立つ原理が単純なら、それを倒す原理もまた単純だ。

「８８８８」デモのように人々が職場を放り出してデモに出れば、兵士が狙いをはずしてデモを銃撃すれば、裁判官が政治囚に軽い刑を下せば、独裁は揺らぐだろう。

ジョージ・オーウェルが、圧制に加担するのは御免だと大英帝国警察官を辞めてしまったように、人々が一歩踏み出せば、それが独裁の崩壊の始まりだ。

だが、それがなぜ簡単ではないのか、独裁下で起きたこと、起きそうなことを並べてみると――

まず、疑問を持つことを学校で教えない。

それを徹底すれば、オーウェルの『１９８４年』の「ニュースピーク」に行き着く。政府が言語を作り変えて、思考に必要な言葉を削除してしまうのだ。自由や平等という言葉の代わりに、「犯罪思考」という言葉が使われるようになる。客観性や合理主義に類する言葉も、「旧思考」という言葉一つに吸収されて消される[16]――人を投獄して書籍から隔離するのと同じだ。知性を抹殺するのである。

自由という言葉が語られなくなければ、その概念も失われて、人は、自由のない日常を生きることになる。独裁下の人々がそうなるように。

それから、歴史だ。『1984年』では、その名も「真理省」が過去の新聞まで書き換えた。「過去をコントロールする者が未来をコントロールし、現在をコントロールする者が過去をコントロールする」[17]という標語のもとで。

「8888」デモを率いて1989年から3回計20年間投獄され、ビルマの政治囚を代表する存在だった全ビルマ学生連盟連合の指導者ミンコーナインは、2014年に来日し、講演でこう述べた。

歴史を学ぶのはむずかしいことだった。政府が好きなように書いた歴史を暗記して、試験に答える。それが歴史の勉強のすべてだった。

本当の歴史を知りたかった私たちは、ビルマ独立当初の本を探し出して読んだ。気心の知れた人たちと本を交換しながら読み、そうして10人ほどと親しくなった。

そのうちの1人が、歴史の本があるから家に来ないか、と誘ってくれた。水を求める人が水をやるといわれればついて行くように、私はついて行った。

連れて行かれた先は軍の施設だった。なぜ教えられたことを暗記しないのか、なぜ知りたいのか、と尋問された。[18]

ビルマの独裁政府は、05年に壮大な新首都を中部に造り上げた。王都を意味するネピドーとそこを名づけて、イギリスの植民地にされる前の王朝時代の国王3人の巨像を建てた。巨像を背景に、軍は隊列を組んで行進した。剣がきらめき、旗が翻り、勇ましい光景である。

一方で、『イラワジ』によれば、教科書から、アウンサン将軍についての記述が減った。代わりに、かつての国王は民族の団結を唱えたと、国王の話が強調されるようになった。少数民族についての授業も減って、「モン民族はミャンマーの文明の先駆者だと考えられている」といった個所が教科書から消えた。[19]

しかし、人々が歴史を深く知れば、無理に作られた権威は力を失う。歴史には、これまで人類がどんな権力闘争を繰り広げ、独裁者が何を説いてきたか、どのように戦争を始めたかも書いてある。ジーン・シャープのように、そこから独裁の倒し方を探り当てる人物まで出て来るかもしれない。だからきっと、どんな独裁者も、歴史の勉強の邪魔をする。

次いで独裁者は、報道を独占し、自分に都合よく現実を歪める。国営メディアや検閲がそれに使われる。

愛を強いる独裁者

続いて独裁者は、政府への支持を求める。支持を見える形にして、広げようとする。オーウェルが『1984年』で描き、シャープが見破ったように、まっとうな為政者と同じく、独裁者も、愛され、支えられねばならないのである。

独裁下のビルマでは、その標語の一つが、「軍のみが母であり、軍のみが父である。まわりが何をいっても信じるな」だった。看板や出版物にそう書かれた。[20] 政府を支持する団体も作られた。1993年設立の連邦団結発展協会だ。名称は協会だったが、独裁政府の将軍たちがその顧問になった。協会は、政府への支持を表明する大集会を各地で催し、その一方で、英語やコンピューターを学べる講座を設け、無料の診療所も開いた。2000年代後半には、協会の会員数は2400万人に達したと国営新聞が伝えた。[21] 加入を強いられた人々がいると亡命メディアは報じたが、数だけを見れば、人口の半数近い会員数だった。

どこまで意図されたことなのかはわからないが、監視社会を作って人々をばらばらにして、そのうえで、その人々を上から組織し直そうとしたように見えた。

ある意味では、独裁政府は、市民社会を自らの手で作り変えようとしたのだ、とアメリカの研究者は指摘している。[22]

最後に、それでも口を開く人がいないか監視し、いれば投獄する。詩や小説にも自由を許さない――川柳作家の鶴彬が治安維持法で検挙されたように、ビルマでも、ザーガナーやティンモウにとどまらず、作家やブロガーも監獄に送られた。バレンタインデーの詩を装って、詩の各行の最初の単語をつなげば独裁者批判と読める詩を書いた詩人のソーワイは、08

年から2年余り投獄された。[23]

こうして独裁は成立する。人は、独裁者から課される義務や命令を——それを必要なことだと思い込み、あるいは、自分が投獄されないためにやむを得ず——果たすようになる。密告し、拷問し、戦場に行って見知らぬ他人と殺し合いをすることさえできるようになる。

さらには、ポパーからソロスが読み取ったように、独裁者が、究極の真実を知ることが人には可能であり、自分はそれを成し遂げたと思い込んだとき、独裁は一層、過酷なものになるのだろう。

国民民主連盟のナンバー2、ティンウーがシンガポールへ

2010年10月、シンガポールに僕はいた。

そこで、ビルマで民主化運動が息長く続いた理由を、もう一つ、教えられることになった。

僕は、20年余り勤めた新聞社を50歳を区切りに辞めたばかりだった。1990年以来、20年ぶりに、その年の11月に行われるビルマの総選挙も気になっていた。会社勤めではビルマに長くは行きにくい。そんなことも思ってつい辞めてしまった。

辞めて、ぼんやりしているところに電話があった。

「親父がシンガポールに行く。目の手術をする」

ティンウーの息子のタンゼンウーからだった。タンゼンウーも東京に暮らして、「国民民

主連盟（解放地域）日本支部」の議長を長く務めていた。

アウンサンスーチーとともに88年に国民民主連盟を設立し、連盟の書記長スーチーの隣にいつもその姿があった彼の父親、連盟副議長のティンウーが、ビルマを出国するというのである。

ビルマがどうなるのか、皆目見当がつかない時期だった。20年ぶりの総選挙は1か月先のことだった。スーチーは3回目の自宅軟禁中で、その軟禁はすでに7年半に及んでいた——1年半後の補欠選挙にスーチーが立候補するとは、5年半後に政権交代が実現するとは、夢にも思わなかったころである。

そんなときに、スーチーに次ぐ国民民主連盟のナンバー2のティンウーが出国するなどということは、ありえないことだった。スーチーと同じく、ビルマを一歩出れば、独裁政府が帰国を許すかどうかわからないといわれていた。スーチーは、だから、イギリスに残った夫が99年にがんで臨終というときにもビルマを出なかった。

だがティンウーは、1、2週間のことだが、シンガポールに出て来るという。亡命メディアも、その予定を報じ始めていた。

ティンウーは、ビルマでは獄中か自宅軟禁中、自由の身であっても、まず間違いなく監視されている。国外でなら、もしかしたら、監視の心配なく話を聞けるかもしれない。1927年生まれで83歳という年齢からいって、彼がビルマを出ることはもうないかもしれない。そう僕は思った。

ティンウーには、国民民主連盟副議長とは別の顔があった。62年のクーデターの首謀者と目されるネウィン将軍の下で、ビルマ軍参謀総長、国防大臣を務めた元大将なのである。

聞きたいことは山ほどあった。

ティンウーはなぜ軍人の道を選んだのか。

62年のクーデターはなぜ起きたのか。

ネウィンの後継者といわれた彼が76年に国防相を解任され、逮捕されたのはなぜか。

その彼がなぜ、「8888」の際にスーチーと合流して国民民主連盟を作ったのか。

勇将として名高いティンウーに、いまも軍人や元軍人は尊敬の念を持っていると僕は聞いていた。ビルマへの帰国が保障されたのだろうと思われた。

偶然にも僕は会社を辞めたばかりだ。シンガポールに向かった。ティンウーは、目の治療を受けている病院の近くのホテルに投宿していた。

心配だったのは、ビルマから政府の監視員が張りついて来ているかもしれないということだった。そんな人たちの気配がすれば、取材はあきらめるしかない。ティンウーが、取材に応じたことで帰国許可を取り消されたら、大変である。

ホテルの1階ロビーのソファに3人がいて、ビルマ語をしゃべっていた。監視員かとがっかりしたが、ビルマ語で遠慮なくしゃべっていて、あまりに目立つ。ビルマ人僧侶がいる寺が近くにあるから、シンガポールで働くビルマ人か、観光客か。

「戦争は終わった」と日本語で叫んだティンウー少尉

そのときだった。偶然、ロビーの隣のレストランからティンウーが現れた。護衛はいない。監視員らしき人物もいない。ティンウーに緊張感はない。拍子抜けした。政府と国民民主連盟の間で何か話が進んでいるのか。いずれにしても取材できそうだ。

ティンウーは、民主連盟設立の翌年、１９８９年７月20日に、アウンサンスーチーと同時に自宅に軟禁された。スーチーには、これが最初の６年間の自宅軟禁である。ティンウーは自宅からインセイン刑務所に移され、スーチーより一足早く、５年半後の95年３月に釈放された。

彼が釈放されると、僕は、バンコクからラングーンに主張するたびに、彼の家を訪ねた。家の近くに警察車両が止まっていたりしたが、彼はいつも取材に応じてくれた。それ以来である。

そのころ、どうやって民主化するのかという話の合間に、昔話をしてくれたことがあった。

１９４５年８月16日、日本で昭和天皇の玉音放送が流れた翌日、戦争は終わったという知らせを受けたビルマ軍少尉ティンウーは、日本軍がいると思われる村に向かって日本語でこう叫んだという。

「戦争は終わりましたーっ」
「わたくしは帰りまーす」
ビルマ軍は、45年3月に日本軍に対して反乱を起こし、日本軍と戦っていた。ティンウーとは英語で話をしたが、ここは日本語で彼はいった。たまたま僕が日本人だったからそんなことを思い出したのだろう。しかし、そのころの僕には、昔話を聞く余裕はなかった。日々記事を書き送りながら、スーチーがいつ自宅軟禁から解放されるのかを全力で探っていた。

民主化運動が息絶えたかに見える静かな時期だった。しかし、彼女が解放されたら、またデモが起きて、今度こそ独裁政府が倒れるかもしれない。解放の時期を察知し、そのときはラングーンにいてそれを見なければならない。そう思っていた——ティンウーが釈放された95年3月15日から4か月遅れて、7月10日に、スーチーは何の前触れもなく解放された。それを聞いて彼女の自宅前に集まった人々の歓喜を僕は見た。抑制された、静かな歓喜で、それがデモに移ることはついになかった。恐怖が人々を縛っていた。亡命メディアがようやく生まれ、手探りで活動し始めた時期だった。

翌年、僕は転勤して日本に戻った。日本でビルマに関する本を読みながら、ティンウーの言葉をときおり思い出した。戦争は終わりましたーっ、と日本語で叫んだという彼の言葉が心に残っていた。

同時に、ティンウーに会うことはもうないだろうとも思っていた。僕には勤めがあり、ティンウーは永遠に続きそうな独裁下にあった。それが、不意に再会できて、僕は雲の上をふわふわ歩いているようだった。

ティンウーは僕を覚えていた。握手で迎えてくれた。

僕もこのホテルに泊まることにした。泊ると、ロビーにビルマ人がいる理由がただちにわかった。なんのことはない、彼らはティンウーのお見舞いに来ているのだった。多くのビルマ人がシンガポールで働いている。ティンウーに一目、彼らは会ってみたいのである。

ビルマ人は入れ替わり立ち代りやって来た。ホテルのエレベーターはプラスチックの宿泊カードを差し込まないと動かない仕組みだ。宿泊カードを手にした僕がエレベーターに乗り込もうとすると、彼らも素早く走り寄って来て、口コミで聞いたのだろう、ティンウーが泊まる9階のボタンをまっさきに押すのだった。

元国防相にしては狭いスタンダードの客室だった。ベッドで部屋は一杯だ。ティンウーはベッドの上にあぐらをかき、僕はベッドの横のいすに腰かけた。昔に比べて少しやせたティンウーは、ビルマの上着タイポンを着込んで、服装を整えた。

昔と同じ空気がそこにはあった。あのころも、彼はきちんとタイポンを着て、現役の将校のように背筋を真っ直ぐに伸ばして質問に答えてくれたのだった。

彼は、左目が一時は失明した、といってメガネをかけ直すと、嘆いた。

「ここで治療を受けてみたら、医師の中にビルマ人がいた。びっくりした」

頭脳流出だよ、ビルマは政治も経済も落ち込んでしまったから、と嘆いた。

それからティンウーは、ほとばしるように話し続けた。質問を挟む余地がないほどだった。何かを語り残そうとするようだった。

彼は、4日続けて1、2時間ずつ時間を取ってくれた。時間はいくらあっても足りなかったが、彼は治療に来ているのだった。見舞い客も途切れない。取材中もドアが何度もノックされる。電話が鳴る。それは彼の人望の表れだった。

「私にはグンジンセイシンがあります」

ティンウーが生まれた1927年には、イギリスの支配に対するビルマ人の抵抗がすでに始まっていた。ティンウーの学校の教師は、アメリカは戦ってイギリスから独立した、ビルマ人も軍を組織して植民地主義と戦え、と生徒を鼓舞した。

この教師の言葉通りのことが起きた。アウンサンら「30人の志士」がビルマを抜け出して、日本軍から軍事訓練を受けた。

日本軍がハワイの真珠湾を攻撃した41年12月、日本軍機はラングーンも爆撃した。バンコクでは、「30人の志士」を訓練した日本軍の工作機関「南機関」の機関長、陸軍大佐の鈴木敬司を大将で司令官、アウンサンを少将で高級参謀としてビルマ軍が創設されていた。日本

▲ティンウー。シンガポールで

軍のビルマ侵攻が始まると、42年1月、ビルマ軍もビルマへと進み始める――名称は、結成時は「ビルマ独立軍」、7月に改編してアウンサンが司令官となって「ビルマ防衛軍」、後に「ビルマ国民軍」に変わる。

イギリス軍は後退し、ティンウーが生まれたイラワジ・デルタの港町バセイン（パテイン）にも日本軍が進出して来た。ちょうどそのころ、彼は、役所の事務員だった父親を病気で亡くした。

母国を解放する軍として大人気となったビルマ軍に、同級生ともどもティンウーは志願した。16歳だった。

彼は、選抜されて44年4月から11月まで、ラングーン郊外のミンガラドンに設けられた士官学校で訓練を受けた。この士官学校では、5期に渡って士官候補生への訓練が行われ、彼は3期生156人の中の1人だった。▼24

ビルマ軍とはいっても、当時は、43年8月のビルマ「独立」と同時に結ばれた軍事秘密協定によって日本軍の指揮下に置かれていた。教官は日本軍人だった。

「シューゴー」「タイソー」「ブンタイキョウレン（分隊教練）」「サクセンヨウムレイ（作戦要務令）」と、張りのある日本語でティンウーはいってみせる。

「私の教官はナカムラ少尉、指揮官はノダ少佐でした。少佐はとても親切でした。敬礼を何度もやらせるので嫌われた人もいましたよ」

そういって、懐かしそうである。

「私には、グンジンセイシンがあります」

と、いう。

軍人精神である。だからこそというべきか。

「ボウギョ」「ススメ」「コウゲキ」と順番に思い出し、最後の一つを教わらなかった、とティンウーはいった。

「タイキャク」である。これはまったく教わらなかった、といった。

45年8月に戦争が終わると、ティンウーは除隊した。少尉に昇進していた彼は、月給385ルピーを半年分もらった。ビルマ軍が日本軍への反乱を起こしてイギリス側についた3月からの半年分ということらしい。それを彼は、月給の少ない下士官らに分けてしまった。

「彼らは、月給28ルピー、50ルピーと、少ししかもらっていなかったから」

ティンウーは、故郷のバセインに戻り、母親と再会した。他の兵士はとっくに帰って来たのに、その中に息子の姿がないものだから、戦死したかもしれないと心配だった母親は、もう軍には入るな、と彼にいう。彼は、入らない、勉強する、と約束した。

ところが、学校に入るお金がなかった。支配者が日本からイギリスに戻り、日本語に代わって英語が再び使われるようになって、英語学校が開かれていたが、そこに行くお金がもはやなかった。

そこで軍から、ビルマ独立のために君が必要だ、イギリスの学校に行けるぞ、と誘われて、また軍に入ってしまった。少尉として採用されると、北部のメイミョー（ピンウールウィン）などで半年間訓練を受け、中尉になった。イギリスではなかったが、シンガポールに2か月間送られて、イギリス軍から訓練を受けた。

ビルマは48年1月にイギリスから独立するが、3月にビルマ共産党が蜂起、翌年にはカレン民族同盟が武力闘争を始める。

さらには中国から、蒋介石の国民党が下って来た。共産党が国民党との内戦に勝利して49年に中華人民共和国を成立させると、国民党は台湾のほか、ビルマ北東部に退いて、そこから中国南部に進攻しようとした。1万人余りの兵力を備えて、ビルマの少数民族とも連携し始める。[25] ビルマ政府にとっては、新たな火種の出現だった。

「ティンウー、お前は独身だったな、と指揮官にいわれ、あっちで戦闘があれば応援に行き、こっちで起これば行き、火消しのように走り回ることになった」

と、ティンウーはいう。

ネウィン将軍との出会い

後にクーデターを起こすネウィン将軍と初めて会ったのは、そうした内戦の中、1949

年だったとティンウーは記憶する。

ビルマ北東部でティンウーは右腕に銃弾を受け、ラングーンに治療に送られた。そこで、北東部の状況を報告した相手がネウィン将軍だった。

ネウィンは、ティンウーの腕を取って、傷を心配してくれた。

「私が（ミンガラドンの）士官学校を出たというと、親しく話してくれた。私は早くに父を亡くしている。ネウィンを父のように感じた」

と、ティンウーはいう。

ネウィン将軍は、アウンサンとともに日本軍から訓練を受けた「30人の志士」の1人である。16歳年下のティンウーから見れば、頼もしい上官だったに違いない。

ティンウーは順調に昇進した。再びシンガポールで高級将校になるための訓練を受けて第1大隊長になり、71年に准将、74年には参謀総長、国防相になった。47歳だった。

その途上、62年に軍はクーデターを起こす。3月2日未明に部隊を動かして、ヌ首相らを逮捕した。午前8時50分に、ネウィン将軍自身が、軍の政権奪取をラジオ放送で告げた。[26]

なぜ軍はクーデターを起こしたのだろうか。

ティンウーの話をまとめれば、その理由の一つはこういうことになりそうだ――首相のヌが権力基盤を固めれば、自分たちの身が危ういという不安が軍首脳部にあった。

ヌは人気のある政治家だった。大学時代からアウンサンとともに活動し、暗殺されたアウンサンに代わって、独立後初の首相になった。

クーデターが起きたとき、ティンウーは34歳、南東軍管区の副司令官だった。まだそう高い地位ではない。しかし、クーデターの1週間ほど前に、彼にはそれが予告された。オールド・マン（ネウィンのこと）に信頼されていたから、とティンウーはいう。

クーデターの兆しはまったく見られなかった。クーデターの前夜も、ネウィン将軍は、中国からのバレエ団の公演を鑑賞し、終演後は舞台に進み出て演者と握手している。[27]普段と変わらぬ姿を見せて、翌日未明、一気に権力を奪ったのだった。

遠因は、ヌの与党、反ファシスト人民自由連盟で権力闘争が起きたことだった。58年、ヌら清廉派と、有力政治家バスエら安定派の二つに党は割れ、政治が行き詰った。それを収拾するために、ネウィン将軍が政権を担い、出直し選挙をすることになった。政権をよこせと軍がヌ首相に迫ったともいわれる。[28]

いずれにしろ、58年10月、ネウィン将軍が首相となって選挙管理内閣を組織し、60年2月に総選挙をした。

この総選挙が問題だったらしい。

ティンウーはいう。

「ネウィンは、ヌへの反対票を入れるよう軍に求めた。バスエ側を支持するよう軍幹部に求めた」

バスエ側も軍幹部も、社会主義を支持していたという。

しかも、ワシントン大学のビルマ研究者メアリー・キャラハンの著書によると、多くの軍幹部に、家族関係や学生時代の政治活動に始まる長いつき合いがバスエ側とあった。一方、ヌ側からは、バスエ側を厚遇していると地方の部隊指揮官を名指しで非難する声が上がっていた。軍は民衆の第一の敵だ、という声まであったという。さらには、ヌ側が、ビルマ共産党の指導者を政府に、その部隊を軍に迎え入れようとしている、といううわさが流れた。内戦の相手と統合させられるという話に軍幹部が怒った。[29]

ティンウーはいう。

「ところが、心理戦担当のバタン大佐が情勢を調べると、軍は人々からひどく嫌われていることがわかった。インヤー湖畔での会議でバタン大佐は、選挙には介入しないほうがいいといった。しかし、事はすでに始まっていた。結局、軍が支持しないほうに票が入った」

選挙管理内閣を担って、軍は大きすぎる力を持ち、不当に利益を得ていると不評だったのだという。[30]

結局、60年の総選挙はヌ側の大勝利に終わった。ヌが首相に返り咲いた。ネウィン将軍は首相を退いた——要するに、軍は選挙に敗れ、それが2年後のクーデターにつながったということらしい。

クーデターには、もう一つ理由があった。国の分裂を防ぐためだったとネウィンが述べた、とティンウーはいう。

少数民族が分離独立して国を分裂させるのをヌ政権では止められないから軍が乗り出したということだ。以降も、それが独裁の存続理由の一つとされる。

しかし62年当時、クーデターで防がねばならないほどそれが深刻な問題だったかといえば、それには疑問の声がある。

有力紙『チェーモン』を57年に創刊したジャーナリストのタウンの著書によれば、少数民族の指導者たちがそのころ会議を開いていたから、軍のいい分に理があるように聞こえるが、ビルマからの分離まで主張する人はいなかった、あれは軍の嘘だ、という[31]。

一方で、研究者のキャラハンによると、軍の目から見れば、ビルマ独立後の政治家は、国の統一を維持できそうな人たちではなかった。しかも、独立時に定められた当時の憲法で言論の自由が保障されていて、反政府組織もいいたいことがいえたから、軍から見れば、人々は洗脳されうる潜在的な敵だった[32]。

人々が潜在的な敵――いまはジャーナリストとなった元政治囚のウェーモウが、90年の逮捕後に「まるで、戦場で捕らえた敵のように扱われた」と語ったが、62年当時の軍にも、そんな心理が働いていたのだろうか。イギリス、そして日本に支配された記憶を持ち、少数民族組織やビルマ共産党と戦い続ける軍首脳部は、周囲が敵ばかりに見えて、不安が高じたのだろうか。

ネウィン将軍は２００２年に死去した。彼に理由をただすことはできない。

そのクーデター以降、しかし、そのまま半世紀も独裁が続くことになろうとは、当の軍人たち――ティンウーも含めて――も誰も、想像できなかったはずである。

ティンウー解任

ティンウー自身の解任の話にも、権力者の不安がにじむ。

彼は、国防相となって2年後の１９７６年3月に解任され、４年間投獄された。若手将校が反乱を企てているのを知りながら、それに対処しなかったという罪に問われた。

「そんなことではなかった」

と、ティンウーは否定する。

経済不振に物価高、労働者のストライキ、そこに、病没した元国連事務総長ウータントの遺体の帰国が重なった。74年12月、アメリカから帰国したウータントの遺体を政府が冷遇したのは許せないと、学生たちが遺体を奪って抗議する事件が起きた。

「ネウィン、サンユ（将軍）打倒、ティンウー、セインウィン（首相）万歳、と人々が叫び始めた」

と、ティンウーはいう。

ティンウーは、デモに穏やかに対応しようとして、人々の敬意を集めるようになってい

たのである。▼33

「彼らは心配し始めた」

と、ティンウーは語る。

人々の支持に乗じて政権を乗っ取るのではないか、と疑われたのだという。

ティンウーは、ネウィンや閣僚に3度告げた。もし、私に疑念があるなら、私が不要なら、静かに退任させてほしい、と。そんな疑いは持っていないといわれたという。

しかし結局、解任にとどまらず、7年の刑を下されて投獄された。

4年後の80年に釈放されると、ティンウーは僧侶となって2年を過ごし、次いで法律を勉強した。そうして隠居したかのようだった彼が、「8888」デモが起きると、再び表舞台に登場する。アウンサンスーチーとともに国民民主連盟を設立する。

ジョーカンドノに誘われて

また投獄されるかもしれないのに、なぜ彼は国民民主連盟に加わったのだろうか。

「アウンシュエたちが、民主主義を取り戻すぞ、と誘ったから」

ティンウーは、断れっこないよ、という顔である。

アウンシュエは、後に国民民主連盟の議長になる。

議長アウンシュエ、副議長ティンウー、書記長アウンサンスーチーという体制が長く続いた。若きアウンサンが、ビルマ軍創設の前、政治団体「われらのビルマ協会」で務めた役職と同じ書記長に、娘も就いたのである。高齢のアウンシュエに代わってスーチーが議長となり、ティンウーが顧問に退くのは、２０１２年４月の補欠選挙の直前のことである。

ティンウーと、彼を引っ張り出したアウンシュエ。２人の出会いを聞いて、僕は腰を抜かした。

話は第二次大戦に戻る。

ビルマ軍に入った16歳のティンウーは、士官学校を終えると、まず北のマンダレーへ、次いで中部のペグーへ送られた。

形だけの独立しか認めない日本軍に対し、当時兵力約1万人のビルマ軍は１９４５年３月27日に反乱を起こすのだが、その10日ほど前にティンウーは命令を受けた――飛行機が落下傘を落とすから、それを探しに行け。お前は日本語ができるから、日本軍に出会ったら、「セッコウ（斥候）」だといえ。

ティンウーは、反乱を起こすとはまだ知らない。

命令を受けて彼は、ペグー川の上流、ペグー山系のジャングルに入った。

ペグー山系は、この後、終戦間際に、日本の第28軍３万４０００人が集結したところだ。集結後、敵中を突破し、シッタン河を渡って東へ退く。

雨季だった。戦史によれば、日本軍将兵は「食糧の欠乏やマラリヤ、デング熱等の発生により体力低下し、行軍に耐えない者は担架に担がれ、あるいは戦友の肩にすがりながら前進した。またこの間、戦友の目をかすめて自決する者が多発した」。さらには、7月下旬を期して開始した渡河のときに「濁流との戦いで、ついに精根尽きて流れていった」。戦史は「終戦がもう一カ月早ければ一万人近い将兵の命が助かったであろう」という。[34]

日本軍が集結する前、そのころ軍曹だったティンウーはそこにいた。

そして、そこでティンウーが会ったのが、アウンシュエ少佐だった。

「明日、反乱を起こす」とティンウーは聞かされる。だから、2人の出会いは1945年3月26日だったことになる。

落下傘では、食糧が落とされた。連合国からの補給物資だった。イギリスの特殊部隊「フォース136」が降下して来ることもティンウーは聞かされた。

笑い話があるんだよ、とティンウーはいう。

「チーズが落とされた。けれど、誰も食べ方がわからない。でも翌日、もっとくれないかという人がいる。車輪がよく動く、というんだよ」

グリースの代わりにチーズを車輪に塗ったというジョークだ。ティンウーは大笑いだ。

ラム酒も落とされた。それはみんなで楽しく飲んだ。

日本軍兵士は知恵があった、と彼はいう。

墓地に3人の兵士がいると村人から知らされて、連合国軍とともに向かった。攻撃の後、踏み込んでみると、ヘルメットが墓に置かれているだけで、血の跡さえなかった。ヘルメットをおとりにして、脱出していたのだった。

ティンウーは、アウンシュエに命じられて、傷病者を後送するときに、最後尾を守るしんがりを務めたこともあった。そのときは心細かった。マラリアにかかって死にかけた。

ティンウーは日本語でいうのだった。

「アウンシュエは、わたくしのジョーカンドノであります」

そのときティンウーは18歳。

「だから、彼の力にならねばならない」

アウンシュエはミンガラドンの士官学校の1期生[35]だったから、3期生のティンウーの先輩で上官だった。

43年後の88年、その上官殿がやって来て、民主主義を取り戻そうと誘ったのである。

第二次大戦中、そして戦後、独立へと歩むビルマで、彼らが仰ぎ見た指導者が、スーチーの父親のアウンサン将軍だった。

アウンサンスーチーとの出会い

ティンウーは、アウンサンスーチーに初めて会ったときのことを、1980年の釈放後に僧侶としてともに修行したジャーナリストのアラン・クレメンツに後に語っている。

それによれば、ティンウーは、彼ら元軍人グループを代表して、スーチーの家に1人で行った。

「彼女の話し方や様子、顔立ち、身振りが、彼女の父親にあまりに似ていて、本当にびっくりした。ほとんど瓜二つだった。女性版の複製だと思った。彼女は、父親のやり残したことを引き継ぐことのできる女性だ、とひらめいた」

初対面でティンウーとスーチーは、力を合わせることに決める。

「私はいった。『あなたの最初の演説を聞きました。それは1人でできることではありません。人権と民主主義を求める闘いには団結が必要です』。彼女は同意してくれた。『その通りです。一緒に進みましょう、一緒にやりましょう』と彼女はいった。それだけでした」

ティンウーが辞去しようとすると、スーチーが尋ねた。

「『私の父にお会いになりましたか。父をご存知ですか』と彼女は尋ねた。『はい、もちろん。よく存じ上げています』と私はいった。『どのように』と彼女は尋ねた。私がお父上の軍の見習士官、それから士官だったころから存じ上げています、と私は答えた。『私が最後にお父上にお会いしたのはメイミョーででした……ご存命のお父上の姿を見たのは、それが最後でした』と話した」

「すると彼女はこう尋ねた。『そのとき、小さな女の子が誰かに抱かれているのに気づかれませんでしたか』。私は『いいえ』と答えた。彼女はいった。『その子は私でした。私だったんです』と。私は、アウンサン将軍は偉大な指導者で、私たちみんなをビルマ独立の闘いへと導いたのです、と彼女に話した」

ティンウーは、スーチーに告げる。

「お父上のただ1人の娘であるあなたが、ビルマが独立したことの素晴らしさを味わえるように、いま私は、あなたに仕え、協力しなければなりません。そう私は確信しました」[36]

88年9月、こうして国民民主連盟は生まれた。

47年7月、32歳のアウンサンが独立を見ることなく暗殺されたとき、娘のスーチーはわずか2歳。記憶にない父親のことをスーチーは調べ始める。

72年に結婚する前、夫となるマイケル・アリスに彼女が送った手紙には、すでにこう書かれていた。

「一つだけお願いがあります。もし人々が私を必要としたら、私が義務を果たす手助けをしてくださいますように」[37]

父親の伝記を彼女は著した。85年に京都大学に留学したときには、旧日本軍の関係者を訪ねて、父親のことを学んだ。[38]

夫のマイケルがこう書くほどになった。

「彼女が父親について学んだことの一つひとつが、父親が無私の勇気を持ち、ビルマを自由で民主的な国にする夢を描いていたことを彼女に確信させていった。彼女は彼女の知らぬ父親のイメージに取りつかれている、と人はいうかもしれない」[39]

そして彼女は、88年8月26日、ラングーンで50万人を前に演説して、「父の後を引き継いで、自由と民主主義を目指すこの闘いに私は加わる」と誓うのだ。

長い年月が準備した国民民主連盟創設者たち

アウンシュエ、ティンウー、アウンサンスーチーの3人が国民民主連盟にそろったのは、「8888」デモが起きたとき、イギリス在住のスーチーが母親の看病のためにたまたま帰国していて、3人ともがビルマにいた、ということでは偶然だった。

だが、この3人は、長い年月が準備した3人だったのである。

そこに、第二次大戦中にアウンサン将軍から、兵士になるより勉強せよといわれ、ジャーナリストになったウィンティンが加わる。さらには、2016年3月に大統領に就任したティンチョーの義理の父親で、ティンウーやアウンシュエと同じくミンガラドンの士官学校に入り、後に日本の陸軍士官学校に留学した元ビルマ軍大佐ルウィンらが参加する。[40]

以来、国民民主連盟は弾圧され続け、多くの党員が投獄、軟禁された。

ティンウーとともに副議長を務めていたチーマウンが、1997年に活動を休止するという出来事もあった。チーマウンもビルマ軍の元大佐だ。ミンガラドンの士官学校を終えると、ルウィンとともに、43年から日本の陸軍士官学校に57期生として留学した。「軍部独裁」

を目の当たりにしたのだ。そのことと、後にビルマでチーマウンが、軍が政治にかかわることに反対したこととは無縁ではないように僕は感じる。彼は宝塚歌劇の大ファンだった。「すみれのは〜な〜」と小さく口ずさんで、にっこり笑った。彼を魅了したのは軍事力ではなかった。

チーマウンは、90年の総選挙の際は、軟禁、投獄されていたスーチーやティンウーに代わって連盟を率いた人だった。活動休止は、スーチーとの間に何らかの意見の不一致があったからとも、健康を損ねたからともいわれた▼41。その7年後、チーマウンは85歳で死去した。長く困難な年月を連盟は乗り越えた。

その秘密が、ぽっかりと浮かび上がって来た気がした。

人望厚く、演説にも秀でたスーチーやティンウーの陰に隠れ、あまり目立つことのなかったアウンシュエだが、ティンウーは、聡明で経験豊かな指導者だとアウンシュエをたたえる。長いつき合いなのである。

四半世紀の間、連盟は持ちこたえた。そこには、人と人とのつながりがあった。

取材を振り返れば、それは、民主連盟だけのことではなかった。

「刑務所でいい友だちができました」

ボーチーは子どものころから、学生組織の指導者として「８８８８」デモを率いて３回計

20年間投獄されたミンコーナインを知っている。近所に住んでいた。

「私はサッカーをして、彼はしなかったんだけれどね」

と、ボーチーはいう。

ミンコーナインは、小説を書き、絵も描く芸術家だ。

ボーチーは、3歳年上のミンコーナインの助手となって民主化運動に参加した。


囚人は家族としか面会が許されないのに、マウンポウンは、毎週、変装して刑務所に面会に行った。彼が面会した政治囚の1人は、彼が子どものころから知る人だった。その人の父親と彼の父親が、ボクシング仲間だったのだ。

「いま思うと、危ないことをしていた。あのころは、まったく恐くなかったんだ」

マウンポウンは、いまになって身をすくめる。


僕が会うことはありえないのに、不思議に何度も耳にした名前があった。

ポンモーだ。1988年3月13日のデモで亡くなって、「8888」の年の1人目の犠牲者として、世界各地でビルマ人たちが毎年追悼してきたラングーン工科大学生である。

獄中で雑誌『タピョウタッ』を作ったアウントンはポンモーの友人だった。『ビルマ民主の声』の東京特派員ゾーゾーラインは、同じ寮に住む顔見知りだった。月命日の13日には毎月、マウンポウンたちが品川のビルマ大使館前で民主化を訴えてきた。

合言葉のように「ポンモー」と彼らは口にする。


獄中でも人はつながった。


メーソットでチョウマートエは、女性3人で家を借りて暮らしている。そのうちの1人、キンチョウミンとは、インセイン刑務所で出会った。

チョウマートエとノーブルエーが入れられた房の隣の房に、学生デモを支援して逮捕されたラングーン大学院修士課程物理学専攻のキンチョウミンがいた。

いまは政治囚支援協会で来訪者への説明役を務めているキンチョウミンはいう。

「房を隔てる壁に小さな穴があって、そこを通して食べ物を分け合ったのよ」

木製の壁だった。こんな穴があったと、彼女は、親指と人差し指を小さく丸めて見せる。

拷問される男の声が隣の部屋から聞こえて来て、あれはボーチーの声だ、と気づいた政治囚のテイッナインは、後に、ボーチーとともにメーソットで政治囚支援協会を設立する。

逮捕される前、民主化運動の会議でボーチーに会ったことがあって、声がわかった。

殴打の音、問答する声が聞こえて来た。それは2、3日続いて、どこかに消えた。

テイッナインはいう。

「そのとき、私も拷問されていたんだ」

ボーチーは何だか申し訳なさそうだった。

「後になって、テイッナインの声だと気づいたよ」

支援協会の代表はテイッナイン、共同代表はボーチーである。


東京のマウンポウンのもとには、獄房の仲間が訪ねて来る。

2005年に『ビルマ民主の声』が衛星テレビ放送を始めると、その翌年にモウエイがカメラを持って日本の取材に来た。先に釈放されるマウンポウンと残るモウエイが、ハグ（抱擁）して「忘れないでね」といって獄房で別れて以来、11年ぶりに2人は再会した。

京都大学に留学したゾーアウンも14年1月に東京に調査に来て、刑務所以来19年ぶりにマウンポウンと再会した。

彼らの間のジョークをモウエイは教えてくれた。

「政府さん、ありがとう。刑務所でいい友だちができました」

1人から始まる

独裁政府は、5人以上で路上に集まることを禁じ、無届けで人を家に泊めることを禁じた。大学を分散し、長く閉鎖した。人々を逮捕した――人々をばらばらにした。

それでも、いや、だからこそ、たった1人で反乱を起こした学生がいた。新設のダゴン大学に学生たちで図書室を開こうとしたが、大学がすぐに閉鎖されて果たせなかったスェウィンである。1998年8月、閉鎖されて、ろくに授業がなかった大学の卒業試験の答案用紙に「独裁を倒せ」「私は同調しない」と書き、問題用紙を破った。自宅から反政府文書も見つかって、彼は7年間投獄された。

ビルマの独裁政府は、なぜ、人々を分断することにあれほど熱心だったのだろうか。

いまはジャーナリストとなった彼はいった。

「30人の志士ですよ」

アウンサンら「30人の志士」が、いまのビルマ軍のおおもとだ。30万人の兵力を持つまでになった軍隊も、元をたどれば、たった30人だったのである。

第二次大戦中、ビルマ軍が日本軍への反乱を起こした3月27日は、ビルマでは「軍記念日」、旧名「レジスタンスの日」とされ、軍のパレードが催されて司令官が演説するのが慣わしだ。その50周年に当たる95年3月27日、独裁政府の当時の実力者、タンシュエ将軍はこう演説した。

「30人の志士は、私心なく、命の危険を顧みず、愛国心に燃えて奮闘して、軍を創設した……日本軍とともにミャンマーに進軍すると、一夜にして兵力が増えた」

独立を求める若者たちが軍に加わって、半年後、兵力は5万人に達した、と将軍は演説した。[42] 30人で始まった軍が、みるみる大軍に成長したのである。

それはビルマに限ったことではないですよ、とスェウィンはいう。

その通りだ。

どんな変化も、一握りの人たちから始まる。多数派や主流派とは異なる道を歩もうとする人たちから変化は始まる。根っこをたどれば、1人からそれは始まる。アウンサンやスェウィンやチョウマートエやボーチーから始まる。1人と1人がつながって、闘いが広がって行く。

独裁者はそれをよく知っている。ナチスがノルウェーで新聞の発行を禁じて人々のつながりを断とうとしたように、独裁者は誰もがそれをよく知っている。だから、まず分断する。けれども、独裁者がいくら分断しても、分断し続けても、分断し尽くすことはできなかった。親子、上官と部下、隣人、幼なじみ、獄房の仲間――

アウンサン将軍と娘のスーチーのように、生まれたときから人は誰かとつながっている。誰かを大切に思い、つながることができる。

つながろうとすることができる。

アウンサンスーチーが、20年前のアラン・クレメンツのインタビューでこう語っている。

「逮捕されたチーマウンおじさんは、『なぜ、国民民主連盟に加わったのか』とMIの将校の1人に尋問されて、こう答えたんです。『あなたのために』。これが私たちの闘争です。あらゆる人々の、MIの人たちの、日々の暮らしのために[▼43]」

それが、長い長い民主化運動のよりどころだった。

終わりに

東京に暮らすビルマの元政治囚の1人は、2015年の夏の金曜日の夕方、「安保関連法案反対」と大学生たちが声を上げていると聞いて、国会前に出かけた。まだ早い時間だったが、1000人ほどがそこにいた。

「ビルマのデモを思い出した。若者は国の頭、国の心臓だ。次の時代を作るのは若い人たちだ。その人たちが動けば、国は変わる」

そう元政治囚はいった。

「8888」のころ10代、20代の若者だった彼らが動いて、ビルマは変わり始めた。自分の未来に責任を負う者は自分だ。そのことは変えようがない。だから彼らは、読み、考え、口を開いた。アウンサンスーチーが求めたように、ジーン・シャープが説いたように、闘争の中で知性を磨き、知識を身につけながら、つまりは自分を変え、成長しながら闘った。変化はついに始まった。

日本も変わる。ビルマの元政治囚はそういった。国会前で、街角で、日本の若者たちが、初めて口を開く大人たちが語る言葉——彼女ら彼らにしかいえない言葉——を聞きながら、僕は、まわりの人々の間で、変化への期待がふくらんで行くのを感じる。

ユダヤ人の移送を担当したナチス・ドイツの親衛隊中佐アドルフ・アイヒマンは、戦後、イスラエル警察の取り調べに、こう語っている。

「もし不服従だったとしたら、どうなっていたでしょうか？　それに、それが誰の役に立ったというのでしょうか？　一九三五年から四五年までに起った出来事は、どれも基本的に、しかも決定的に私ごときによって影響を被るような種類のものではあり得ませんでした」[1]

ぽつんと1人でいると、きっと誰もが、自分を無力だと感じる瞬間がある。それを乗り越え、交換可能な歯車にされることを拒む人々の姿の中に、希望はある。

ボーチーに初めて会ったのは2009年4月のことだった。「囚人仲間から学んだ」という記事を読んでから3か月後に、人権団体ヒューマン・ライツ・ウォッチの招きで日本に彼が来た。そのときに、彼が獄中で英語を教わったことまでは新聞記事にした。

12年初めにメーソットに行ってボーチーに再会して、ウェーモウに英語を教えたと聞いたときには、天を仰いだ。ボーチーのほかにも何人もの若者が獄中で勉強していたらしいのである。それも、暇つぶしなんかではなく、必死になって勉強していたらしいのである。

改めてボーチーから話を聞いた。独裁下の09年のころには明かせなかったことも話してもらえたように思う。オスロやラングーンにも取材は広がって、この本になった。

獄中の「同級生グループ」の書籍調達係を務めたマウンポウンの母のメーシンさんにも、その後、お会いできた。ほほを紅くして微笑む小柄な人だった。僕はつい、昔のことを尋ねてしまった。すると、その目にたちまち涙があふれ、それがこぼれないようにとメーシンさんは上を向いてしまわれるのだった。

「仕事がないことがつらかった」

と、泣かれるのだった。

息子も夫も投獄されて、それを背負って歩んでこられたのである。夫のボクシング選手ティントゥンが11年間の投獄から釈放され、06年に肺を病んで亡くなったとき、彼女は東京にいた。帰ることはできなかった。会えぬまま夫は亡くなった。マウンポウンが、おかあさんは昔を思い出すと泣いてしまうといったが、その通りだった。無理が重なったのだろう。70歳を超えたいま、入退院を繰り返すようになった。

民主化は始まったが、波乱もあるだろう。「精神の革命」「価値観の転換」を進めて、これまでの政治のあり方を改めるのは、ビルマに限らず、簡単なことではない。

精神の革命と同時に、民主主義に不可欠な基盤を作る必要もある。獄中での、また、チェンマイやメーソットで開かれた、教育や労働についての教室での学習はその準備にもなっていたはずだが、これから、メディアのほか、政党や官僚組織、労働組合、経済団体、市民団体等々を合理性のある組織として作っていかねばならない。

人口の9割を上座仏教徒が占める中で、ロヒンギャの人々をはじめ、少数派のイスラム教徒を排除する、あるいは、排除するかのような動き――15年の総選挙では、イスラム教徒の当選はゼロだった――が報じられ続けるのを目にすると、新たな分断の深まりを感じるが、一方で、ともに生きるべきだと考える人たちがいることも僕は知っている。

もし将来、再び弾圧されるようなことがあっても、半世紀かけてここまでたどり着いた彼らである。一歩後退することはあっても、またそこから、根気よく前へと歩み出すことだろう。たくさんの方々のおかげで、かつて見落とし、見逃していたことをやっと書き残せたようにいまは思える。だがいうまでもなく、この本は、僕が見たほんの一断面でしかない。国民民主連盟がどのように成長したか、独裁政府がどのように民主化へと動かされたか、今後、新証言や新資料が掘り起こされて、民主化の歴史がつづられていくことだろう。

話を聞かせてくださった、取材を助けてくださったビルマのみなさんに、心から感謝します。12年初めのメーソット行きは、難民の支援を始めて間もなく20年になる中尾恵子さん、空野真雲さんに誘っていただきました。ビルマの人々の力になってこられた原田正美さん、ジェイソン・ネルソンさん、守屋友江さんにも助けていただきました。

ビルマ人には「シュエバ」の名で有名な田辺寿夫さんにはたいへんお世話になりました。梨の木舎の羽田ゆみ子さんには、拙い原稿と辛抱強くおつき合いいただきました。

なお、取材後に職場や役職が変わった方もおられますが、取材当時のままとしました。

＊ネットで読んだ記事や報告書があるが、アドレスは省略した。

序 板挟みになったジョージ・オーウェル

▼1 Association of Myanmar Architects, *30 Heritage Buildings of Yangon, Inside the City That Captured Time*, Serindia Publications, 2012, pp.111-113.

▼2 太田常蔵『ビルマにおける日本軍政史の研究』吉川弘文館、1967年、84―138ページ。

▼3 帝国ホテル『帝国ホテル百年史』帝国ホテル、1990年、437―438ページ。*30 Heritage Buildings of Yangon*, p.113.

▼4 防衛庁防衛研修所戦史室『戦史叢書インパール作戦―ビルマの防衛』朝雲新聞社、1969年、186―449ページ。第31師団は「駄馬三、〇〇〇頭、駄牛五、〇〇〇頭、象一〇頭を携行した」「駄牛のための糧秣は携行しなかったため死亡するものが多発した」。第15師団長の日記抜粋から「糧食二五日分の携行法」として、「七日分は各人携帯……聯隊に牛二五〇頭（各頭米を積み全体にて聯隊の二日分を携行）を支給し、これ（牛）を食ふことにより二日分に代用し計二五日分とせり」。第33師団は「駄牛は輜重兵聯隊に一、〇〇〇頭、山本支隊（右突進隊）に一、〇〇〇頭を配当したほか、第一線各部隊にも多数配当した」「羊も多数携行したが、一日約三粁（注・キロ）しか歩かず、しかも道々落伍して部隊の前進を妨害するので……殺して食糧補給に充てた」。

丸山静雄『インパール作戦従軍記　一新聞記者の回想』岩波新書、1990年、117―123ページ。

インパール作戦は、作戦期間を約1か月として、1944年3月8日に始められたが、作戦中止が発令されたのは7月初めだった。参加兵力には諸説ある（防衛庁防衛研修所戦史室『戦史叢書イラワジ会戦―ビルマ防衛の破綻』朝雲新聞社、1969年、209ページには、参加総人員推定9万人、チンドウィン河を越えて戦場に行ったのは6万人前後であろう、とある)。

▼5 『戦史叢書インパール作戦』398ページ。

▼6 『戦史叢書イラワジ会戦』127—211ページ。藤原彰『餓死した英霊たち』青木書店、2001年、70—85ページ。

▼7 防衛庁防衛研修所戦史室『戦史叢書シッタン・明号作戦—ビルマ戦線の崩壊と泰・佛印の防衛』朝雲新聞社、1969年、228ページ。

▼8 『帝国ホテル百年史』438ページ。

▼9 『戦史叢書シッタン・明号作戦』501—502ページ。ビルマ方面作戦兵力は、陸軍のみで30万3501人、輸送船沈没も含め戦没者18万5149人とある。

▼10 Louis Allen, "Appendix 1 Casualty Figures," in *Burma, The Longest War 1941-1945*, Phoenix Press, 2002, pp.640-642.(引用者が訳したが、日本語訳がある場合は適宜参考にした。平久保正男、永沢道雄、小城正訳『ビルマ　遠い戦場(下)』原書房、1995年。以下も同じ)

▼11 日本軍のマレー侵攻の際にイギリス軍から離脱し、日本軍の捕虜になったインド人兵士らで作られた軍。独立運動家のチャンドラ・ボースがドイツから日本に渡って、率いた。

▼12 広池俊雄『泰緬鉄道　戦場に残る橋』読売新聞社、1971年、202—203ページ。

▼13 吉川利治『泰緬鉄道　機密文書が明かすアジア太平洋戦争』同文舘、1994年。永瀬隆『ドキュメント　クワイ河捕虜墓地捜索行』社会思想社(現代教養文庫)1988年。『戦史叢書インパール作戦』134—140ページ。タイ、マレーシア、インドネシアなどからも労働者が集められた。

▼14 Maung Maung, *Burma and General Ne Win*, Asia Publishing House, 1969, p.292.

▼15 Carolyn Wakeman, San San Tin, *No Time for Dreams, Living in Burma under Military Rule*, Rowman & Littlefield Publishers, 2009, p.27.

▼16 Ibid., p.55.

▼17 *Working People's Daily*, September 6, 1987.

▼18 Daniel Benjamin, "Out... In 17 Days," *Time*, August 22, 1988.

▼19 佐久間平喜『ビルマ（ミャンマー）現代政治史増補版』勁草書房、１９９３年、１１４ページ。

▼20 「8888」の経緯は、取材に加え、次を参照。Bertil Lintner, *Outrage, Burma's Struggle for Democracy*, White Lotus, 1990. Christina Fink, *Living Silence in Burma, Surviving under military rule, second edition*, Silkworm Books, 2009. 田辺寿夫『ドキュメント・ビルマ民主化運動１９８８』梨の木舎、１９８９年。藤田昌宏『誰も知らなかったビルマ』文藝春秋、１９８９年。

▼21 Aung San Suu Kyi, "Speech to a Mass Rally at the Shwedagon Pagoda," in *Freedom from Fear and other writings*, Penguin Books, 1995, p.193.（ヤンソン由実子訳『自由』集英社、１９９２年）

▼22 *Living Silence in Burma*, p.92.

▼23 Kyaw Zwa Moe, "A Man Without a Head Can Run Burma," *Irrawaddy*, February 1, 2008.

▼24 David I. Steinberg, *Burma : A Socialist Nation of Southeast Asia*, Westview Press, 1982, pp.30-31. 伊野憲治『ビルマ農民大反乱（１９３０〜１９３２年）——反乱下の農民像』信山出版、１９９８年。

▼25 George Orwell, "Shooting an Elephant," in *Shooting an Elephant and Other Essays*, Penguin Books, 2009, pp.31-32.（川端康雄編『新装版オーウェル評論集１　象を撃つ』平凡社、２００９年）

▼26 George Orwell, *The Road to Wigan Pier*, Penguin Books, 1962, p.126.（土屋宏之、上野勇訳『ウィガン波止場への道』ちくま学芸文庫、１９９６年）

▼27 Ibid., pp.129-130.

▼28 George Orwell, *Nineteen Eighty-Four*, Penguin Books, 1989, p.3.（高橋和久訳『一九八四年　新訳版』早川書房、２００９年）

▼29 *New Light of Myanmar*, November 26, 1994.

▼30 *New Light of Myanmar*, February 24, 2008.

▼31 *Nineteen Eighty-Four*, p.6.

▼32 Ed Cropley, "In Myanmar, dissidents beat junta gags with gags," *Reuters*, March 10, 2008. インドの歯科医院に行くバージョンもある。

▼33 ザーガナーへの２００７年のインタビューを収めたレックス・ブルームスタイン監督の映画「THIS PRISON WHERE I LIVE」で、ザーガナー自身がカメラの前でこう語っている。

1 声明はひそかに配布された

▼1 "Myanmar unemployment rate near 40 percent, study finds," *Eleven*, January 24, 2013.

▼2 Ministry of National Planning and Economic Development and UNICEF, *Situation Analysis of Children in Myanmar*, Nay Pyi Taw 2012, p.36.

▼3 ２０１５年10月、他の７組織とともに、政府と停戦に合意した。この合意に加わらなかったカチン独立機構なども含め17組織が参加して、連邦和平会議が16年８月に開かれた。停戦を永続的な和平に結実させるための対話が今後も続きそうだ。

▼4 Derek Brooke-Wavell, "Obituary : Leo Nichols," *Independent*, June 26, 1996.

▼5 Zon Pann Pwint, "Author tells of health problems, inhumane prison conditions," *Myanmar Times*, November 12, 2012.

▼6 Assistance Association for Political Prisoners, *The Darkness We See : Torture in Burma's Interrogation Centers and Prisons*, December 2005, p.79.

▼7 Assistance Association for Political Prisoners, *Annual Report FY2012*, p.10.

▼8 *The Darkness We See : Torture in Burma's Interrogation Centers and Prisons*, pp.29-30.

▼9 政治囚支援協会などが２０１４年から15年にかけて１６２１人の元政治囚に尋ねたところ、72％が身体への拷問を、75％が目隠しや睡眠を妨げるといった精神的な拷問を受けたと答えた（Assistance Association for Political Prisoners, Former Political Prisoners Society, "*After release I had to restart my life from the* beginning," *The Experiences of Ex-political Prisoners in Burma and Challenges to Reintegration*, May 25, 2016, pp.32-39)。

▼10 アウンサンスーチー著、土佐桂子、永井浩訳『ビルマからの手紙』毎日新聞社、１９９６年、54—56ページ。Andrew Buncombe, "Par Par Lay : Comedian who satirized the Burmese regime," *Independent*, August 20, 2013.

▼11 Philip Heijmans, "Skirting Comedy Limits in Myanmar," *New York Times*, July 29, 2015.

2 学生も教師も投獄された

▼1 斎藤隆夫『回顧七十年』中公文庫、２０１４年、２６３—２６４ページ。大木操『激動の衆議院秘話』第一法規出版、１９８０年、２５１—２５２ページ。

▼2 荻野富士夫『特高警察』岩波新書、２０１２年、66ページ。国内の検挙者数。

▼3 治安維持法犠牲者国家賠償要求同盟（東京）のパンフレット『虐殺』『獄死者』に、拷問や虐待などによる死者の名簿がまとめられている。

▼4 深井一郎『反戦川柳作家　鶴彬』日本機関紙出版センター、１９９８年、１８７ページ。

▼5 「序詞」より。金時鐘訳『尹東柱詩集　空と風と星と詩』もず工房、２００４年、15ページ。

▼6 "*After release I had to restart my life from the beginning*," p.11. Bo Kyi, Hannah Scott, *Torture, Political Prisoners and the Un-Rule of Law : Challenges to Peace, Security and Human Rights in Burma*, Assistance Association for Political Prisoners, March 28, 2010, p.19.

▼7 *Living Silence in Burma*, p.61.

▼8 「独立支援のため進入　我軍ビルマ民衆に布告」『朝日新聞』１９４２年1月23日。旧字体を改めた。

▼9 *Orwell : The War Commentaries*, ed. W. J. West, Duckworth/British Broadcasting Corporation, 1985, pp.27, 93, 219.（甲斐弦、三澤佳子、奥山康治訳『戦争とラジオ—ＢＢＣ時代』晶文社、１９９４年）

▼10 Aung San, "The Resistance Movement," in *Burma's Challenge 1946*, New Light of Burma Press, December 1946, pp.24-25.

▼11 独立までの経緯は主に次を参照。*Burma's Challenge 1946. Freedom from Fear. Aung San of Burma*, ed. Maung Maung, Martinus Nijhoff, 1962. *Burma : A Socialist Nation of Southeast Asia.* 防衛庁防衛研修所戦史室『戦史叢書ビルマ攻略作戦』朝雲新聞社、１９７４年。根本敬『アウン・サン―封印された独立ビルマの夢』岩波書店、１９９６年。根本敬『抵抗と協力のはざま―近代ビルマ史のなかのイギリスと日本』岩波書店、２０１０年。根本敬『物語　ビルマの歴史』中公新書、２０１４年。ボ・ミンガウン著、田辺寿夫訳編『アウンサン将軍と三十人の志士』中公新書、１９９０年。泉谷達郎『ビルマ独立秘史《その名は南機関》』徳間文庫、１９８９年。大野徹「ビルマ国軍史（その２）」『東南アジア研究』８巻３号、京都大学東南アジア研究センター、１９７０年。

▼12 "Speech to a Mass Rally at the Shwedagon Pagoda," in *Freedom from Fear*, p.194.

▼13 Joseph Allchin, "Depayin and The Driver," *DVB*, November 12, 2010.

▼14 "Freedom from Fear," in *Freedom from Fear*, p.183.

▼15 Seth Mydans, "Myanmar's Leading Dissident Reunites With Youngest Son," *New York Times*, November 23, 2010.

▼16 以下のアウンサンスーチーの演説は、伊野憲治編訳『アウンサンスーチー演説集』みすず書房、１９９６年から引用。１１６、１２７、２３８、１６４、１９４ページ。

▼17 "Malala Yousafzai : 'Our books and our pens are the most powerful weapons'," *Guardian*, July 12, 2013.

▼18 Thomas Fuller, "Casting Light on Plight of Burmese Dissidents," *New York Times*, January 17, 2009.

▼19 Win Naing Oo, *Cries from Insein, A report on conditions for political prisoners in Burma's infamous Insein Prison*, All Burma Students' Democratic Front, 1996, p.47.

▼20 Nelson Mandela, *Long Walk to Freedom, The Autobiography of Nelson Mandela*, Abacus, 1995, p.489.（東江一紀訳『自由への長い道』日本放送出版協会、１９９６年）

▼21 ICRC begins visits to detainees and prisoners in Myanmar, 06-05-1999, News Release 99/26.

▶22 Kyaw Zwa Moe, "The Last Night in the Cell," *Irrawaddy*, January 21, 2012.

▶23 Myanmar : ICRC denounces major and repeated violations of international humanitarian law, 29-06-2007, News Release 82/07.

▶24 Report of ILO Commission of Inquiry reveals widespread and systematic use of forced labour in Myanmar (Burma), Press release, 20 August 1998.

▶25 Landmine & Cluster Munition Monitor, Myanmar/Burma, Casualties and Victim Assistance, last updated : 10 November 2015.

▶26 外務省ウェブサイト、国別援助実績１９９０年までの実績ミャンマー。田辺寿夫、根本敬『ビルマ軍事政権とアウンサンスーチー』角川書店、２００３年、63―67ページ。

▶27 工藤年博「ＯＤＡ　対ビルマ援助の功罪」、田村克己、根本敬編『アジア読本　ビルマ』河出書房新社、１９９７年、２７２―２７９ページ。

▶28 『ドキュメント・ビルマ民主化運動１９８８』16―20ページ。

▶29 Václav Havel, Foreword to the First Edition in *Freedom from Fear*.

▶30 Andrew Harding, "Joking again-Burma's favourite comedian free," *BBC*, October 15, 2011.

▶31 『アジア諸国の公務員制度〔Ⅳ〕』日本人事行政研究所、１９９９年３月、80―81ページ。

▶32 *Report of 1997 Household Income and Expenditure Survey*, Central Statistical Organization, Yangon, Myanmar, 1999, p.165.

▶33 www.rafto.no/page/928/Thorolf_Rafto

▶34 Myat Su Mon, "Video Journalist Recounts a Death Amid the Chaos," *Irrawaddy*, September 27, 2013.

▶35 "Jailed reporter's total sentence increased to 18 years," *Reporters Without Borders*, September 14, 2011.

▶36 Khin Maung Soe, "The 'Great Guest' of Burmese Literature," *Irrawaddy*, April 2007. Kyaw Zwa Moe, "Burma's Fallen Star : Tin Moe (1933-2007)," *Irrawaddy*, January 23, 2007.　詩はビルマ語から田辺寿夫が翻訳。

▶37 Wai Moe, "A History of Capital Punishment in Burma," *Irrawaddy*, December 22, 2003.
▶38 "Myanmar's First SEZ Opens," *Global New Light of Myanmar*, September 24, 2015.
▶39 Aye Min Soe, "Advance Vote Extension, Government pledges to resolve complaints from overseas," *Global New Light of Myanmar*, October 21, 2015.

3 私たちは、獄中で世界のニュースを読んでいた

▶1 "Chronology of Burma's Laws Restricting Freedom of Opinion, Expression and the Press," *Irrawaddy*, May 1, 2004.
▶2 Win Naing Oo, "Appendix 18 : Imprisoned Monks III," in *Burma : A Land Where Buddhist Monks Are Disrobed and Detained in Dungeons*, Assistance Association for Political Prisoners, November 2004, pp.81-82. *Burma : A Land Where Buddhist Monks Are Disrobed and Detained in Dungeons*, p.16.（守屋友江編訳『ビルマ仏教徒　民主化蜂起の背景と弾圧の記録』明石書店、２０１０年）
▶3 Kyaw Zwa Moe, "The Cell," *Irrawaddy*, March 2011.
▶4 Charles Krauthammer, "The U.N. Obsession," *Time*, May 9, 1994.
▶5 Michael S. Serrill, "Domestic Violence," *Time*, October 23, 1995.
▶6 James Walsh, "The U.N.at 50 : Who Needs It ?" ibid.
▶7 Karsten Prager, "The Limits of Peacekeeping," ibid.
▶8 "The U.N. Has Been a Success," ibid.
▶9 Kyaw Zwa Moe, "A Hero Behind the Lines," *Irrawaddy*, September 2011.
▶10 Kyaw Zwa Moe, "Rocky Road Home from Exile," *Irrawaddy*, December 14, 2012.
▶11 Moe Aye, *Ten Years On*, Assistance Association for Political Prisoners, 1999. ページ数記載なし。
▶12 Ibid.
▶13 Lillian Cunningham, "A prisoner's pursuit of democracy in Burma," *Washington Post*, July 17, 2013.

▼14　Yeni, "Failing Health, Regime Cruelty Can't Break Win Tin," *Irrawaddy*, July 9, 2008. Hla Hla Htay, Didier Lauras, "Myanmar dissident started career as AFP journalist," *AFP*, October 30, 2013. Kay Mastenbroek, "The naked truth of Myanmar, a portrait of U Win Tin," *DVB*, April 21, 2014.

▼15　Maung Wuntha, "Support press freedom," *Foreign Policy Magazine*, March 30, 2012. *State of Fear : Censorship in Burma (Myanmar) , An ARTICLE 19 Country Report*, ARTICLE 19, December 1991, pp.20-21.

▼16　Irrawaddy, "Win Tin's Foundations to Continue Supporting Political Prisoners," *Irrawaddy*, May 13, 2014. Kyaw Phyo Tha, "Burmese Democracy Activist Win Tin Dies," *Irrawaddy*, April 21, 2014.

▼17　*Ten Years On* の一部を要約。以下も同じ。

▼18　Kyaw Zwa Moe, "Criminals at Large," *Irrawaddy*, January 4, 2014.

▼19　"Insein Prison : HIV Headquarters?" *Irrawaddy*, August 1997.

▼20　Tin Htet Paing, "Su Su Lwin : Not 'The' Lady, but Rather Burma's Next 'First' Lady," *Irrawaddy*, March 18, 2016.

4　声を上げる自由を得るために闘った

▼1　"Let Us Unite," in *Aung San of Burma*, p.124.

▼2　『ドキュメント・ビルマ民主化運動１９８８』13―14ページ。

▼3　*Pleading Not Guilty In Insein*, All Burma Students' Democratic Front, February 1997.

▼4　*Report on the situation of human rights in Myanmar*, prepared by Mr. Yozo Yokota, Special Rapporteur, in accordance with Commission resolution 1993/73, February 16, 1994, E/CN.4/1994/57.

▼5　Irrawaddy, "The National Convention," *Irrawaddy*, March 31, 2004.

▼6　Resolution Adopted by the General Assembly 49/197. Situation of human rights in Myanmar, March 9, 1995, A/RES/49/197.

▼7　Resolution Adopted by the General Assembly 50/194. Situation of human rights in Myanmar, March 11, 1996, A/RE

S/50/194.

▼8 Nyein Nyein, "From Political Prisoner to Political Office," *Irrawaddy*, November 17, 2015. 次も参照。 Zin Linn, "The Unknown Story of the Twenty-Four," in *Spirit for Survival*, Assistance Association for Political Prisoners, September 2001. Zin Linn, "My Prison Life with U Win Tin," *Irrawaddy*, April 8, 2001.

▼9 "When Myanmar's next president went to jail," in Myanmar elects Htin Kyaw as first civilian president in decades, *BBC*, March 15, 2016.

▼10 *Norges Hjemmefrontmuseum*, 1982. 博物館のガイドブック。

▼11 当時13歳だったヨハン・ガルトゥングも、地下新聞を配ったと、２０１５年８月26日『朝日新聞』のインタビューで語っている（北郷美由紀「『積極的平和』の真意」）。ガルトゥングは後に平和学者となり、差別や貧困もなくす「積極的平和」を唱える。それは「平和を深めるもので、軍事同盟は必要とせず、専守防衛を旨とします」と同紙に語り、12年に発足した安倍晋三政権が掲げた「積極的平和主義」とは異なると述べている。

▼12 Olav Riste, Berit Nökleby, *Norway 1940-45 : The Resistance Movement*, Aschehoug, 2004, pp.36-37.

5 独裁の再来を防ぐために

▼1 Jonah Fisher, "Thein Sein : Myanmar army to continue key transition role," *BBC*, March 20, 2015.

▼2 "Sino-Myanmar crude oil pipeline enters trial operation," *Xinhua*, January 28, 2015. Aye Min Soe, "SEZ moves to next stage, CITIC wins lion's share of Kyaukphyu special economic zone development," *Global New Light of Myanmar*, December 31, 2015.

▼3 "The government is elected by the people, and it has to respect people's will," *New Light of Myanmar*, October 1, 2011. Rachel Harvey, "Burma dam : Why Myitsone plan is being halted," *BBC*, September 30, 2011. ２０１６年発足の国民民主連盟政権が、このダム計画にどう対応するかが注目されている。

▼4 Zarni Mann, "In Mandalay Writers Meeting, Suu Kyi Addresses China Concerns," *Irrawaddy*, March 24, 2014.

▼5 *Burma : A Socialist Nation of Southeast Asia*, pp.37-41.『ビルマにおける日本軍政史の研究』74ページ。

▼6 Ibid., pp.83-84.『ビルマ（ミャンマー）現代政治史増補版』２１８―２２２ページ。
文化大革命は、毛沢東が発動して１９６６年に起きた政治闘争。人々を巻き込み、知識人らが迫害された。混乱が広がり、死者数は数十万人とも数百万人ともいわれる。76年に毛が死去、終結した。

▼7 *Investigative Report : Burmese Media Combating Censorship*, Reporters Without Borders, Nov-Dec 2010, p.8.

▼8 "Zarganar's Voice," in Elke Kuijper, Ashin Kovida, *Burma Voices, People of Burma in Their Own Words*, 2012, pp.258-259.

▼9 *Human Development Report 1997*, UNDP, pp.103, 188-189.

▼10 Maung Aung Myoe, *Building the Tatmadaw, Myanmar Armed Forces Since 1948*, Institute of Southeast Asian Studies, 2009, p.33.

▼11 *Situation Analysis of Children in Myanmar*, pp.79-82.

▼12 MNA, "Education University grads to fill vacant teacher posts," *New Light of Myanmar*, February 19, 2013.

▼13 *Situation Analysis of Children in Myanmar*, p.86. 小学生への練習帳の無償配布が始まるなど、改善が図られるようになった（Yi Yi Thant, "Free education system for primary and middle school students," *New Light of Myanmar*, May 27, 2014）。

▼14 Ibid., p.91.

▼15 "Schools, failing or succeeding ?" *New Light of Myanmar*, June 20, 2013.

▼16 *Burma : A Socialist Nation of Southeast Asia*, p.101.

▼17 Thein Lwin, *Critical Thinking : The Burmese Traditional Culture of Education*, May 28, 2010.

▼18 www.prospectburma.org

▼19 Samuel P. Huntington, *The Third Wave, Democratization in the Late Twentieth Century*, University of Oklahoma Press,

1993, pp.45-46.　他に二つの変化が挙げられている。（坪郷實、中道寿一、藪野祐三訳『第三の波　20世紀後半の民主化』三嶺書房、２０００年）

▼20　Ibid., pp.91-93.

▼21　David Lowe, "Idea to Reality : NED at 25," www.ned.org.

▼22　www.ned.org

▼23　Bo Kyi, "Reflections on the beginnings of the AAPP," in *The Ten Year Fight for Burma's Political Prisoners*, Assistance Association for Political Prisoners, December 2010, pp.21-22.

▼24　*Empowering Independent Media : U.S. Efforts to Foster a Free Press and an Open Internet Around the World, Second Edition : 2012*, the Center for International Media Assistance at the National Endowment for Democracy, pp.13-29.

▼25　Ibid., p.19.

▼26　Aung Zaw, "Burmese Reporters in Exile Confront Different Risks," in *Nieman Reports*, Summer 2006, p.24.

▼27　*Internews Impact Report : Fostering a Professional, Inclusive Media in Burma*, February 24, 2014, www.internews.org.

▼28　George Soros, *The New Paradigm for Financial Markets, The Credit Crisis of 2008 and What It Means*, PublicAffairs, 2008, pp.12-16.（徳川家広訳『ソロスは警告する　超バブル崩壊＝悪夢のシナリオ』講談社、２００８年）

▼29　www.opensocietyfoundations.org

▼30　*Critical Thinking : The Burmese Traditional Culture of Education.*

▼31　Kappiya Kankaung, "Earning a living at the expense of the nation," *New Light of Myanmar*, August 12, 2003.

▼32　Myo Chit Maung, "The people duty-bound to ward off puppets under alien influence," *New Light of Myanmar*, December 7, 2010.

▼33　*Nieman Reports,* Summer 2006, pp.24-25.

6 独裁を倒す方法

▼1 Sheryl Gay Stolberg, "Shy U.S. Intellectual Created Playbook Used in a Revolution," *New York Times*, February 16, 2011.

▼2 "Q & A : Gene Sharp," *Al Jazeera*, December 6, 2011.

▼3 Gene Sharp, *From Dictatorship to Democracy, A Conceptual Framework for Liberation, Forth U.S. Edition*, The Albert Einstein Institution, May 2010, p.18.（瀧口範子訳『独裁体制から民主主義へ』ちくま学芸文庫、２０１２年）

▼4 Hannah Arendt, *Eichmann in Jerusalem, A Report on the Banality of Evil*, Penguin Books, 2006, p.279.（大久保和郎訳『イェルサレムのアイヒマン　悪の陳腐さについての報告』みすず書房、２０１４年）

▼5 Ibid., p.135.

▼6 Ibid., pp.287, 279.

▼7 Aung Zaw, "A Brief Encounter with Former Spy Chief Khin Nyunt," *Irrawaddy*, December 10, 2012.

▼8 *From Dictatorship to Democracy*, p.19.

▼9 Ibid., p.10.

▼10 Ibid., pp.79-86.

▼11 Ibid., p.4.

▼12 Ibid., pp.49-50.

▼13 Ibid., Appendix Two : Acknowledgements and Notes on the History of From Dictatorship to Democracy, pp.87-89.

▼14 Ibid., Preface.

▼15 "Interview with Dr. Khin Mar Kyi, " in *Women Political Prisoners in Burma*, Burmese Women's Union, Assistance Association for Political Prisoners, September 2004.

▼16 *Nineteen Eighty-Four*, pp.312-319.

▼17 Ibid., p.37.

▼18　２０１４年12月６日の上智大学での講演の一部を要約。

▼19　Samantha Michaels, "In Myanmar's Schools, History's in the Making," *Irrawaddy*, September 2013. "New Curriculum Excludes General Aung San," *DVB*, June 26, 2008.

▼20　Mary P. Callahan, *Making Enemies, War and State Building in Burma*, Cornell University Press, 2003, p.207.

▼21　*Living Silence in Burma*, p.88. Min Zin, "The USDA Factor," *Irrawaddy*, July 2003. "Free USDA clinics open in Rangoon division townships," *Irrawaddy*, May 17, 2007. "USDA Annual General Meeting Statement (1/2007)," *New Light of Myanmar*, November 17, 2007. この協会は２０１０年に政党の連邦団結発展党に衣替えし、そこから元将軍らが総選挙に立候補した。

▼22　David I. Steinberg, "The Union Solidarity Development Association, Mobilization & Orthodoxy in Myanmar," in *Burma Debate*, Jan/Feb 1997, p.8.

▼23　Ba Kaung, "Jailed poet released," *Irrawaddy*, May 26, 2010.

▼24　『ビルマ国軍史（その２）』３５３―３５７ページ。

▼25　Bertil Lintner, *Burma in Revolt, Opium and Insurgency Since 1948*, Westview Press, 1994, pp.95-110. 『ビルマ（ミャンマー）現代政治史増補版』２１１―２１４ページ。

▼26　*Burma and General Ne Win*, p.292. U Thaung, *A Journalist, a General and an Army in Burma*, White Lotus, 1995, pp.50-51.（水藤眞樹太訳・解説『将軍と新聞　ビルマ長期軍事政権に抗して』新評論、１９９６年）

▼27　*Burma and General Ne Win*, p.292.

▼28　*A Journalist, a General and an Army in Burma*, pp.40-41.

▼29　*Making Enemies*, pp.185-186.

▼30　総選挙前年の１９５９年９月の部隊長会議の記録を見ると、軍の不人気が部隊長に知らされていたことがわかる、とキャラハンが書いている。それには、将校団の行きすぎた政治化への懸念、兵士の「横柄、高慢、礼儀知らず」な態度、水産物市場と闇市場での軍の汚職、軍人が一般公務員に向ける

はなはだしい軽視、があった（*Making Enemies*, pp.195-196）。実際に軍がどの程度選挙に介入したのかはわからない。ジャーナリストのタウンの著書によれば、兵士が送り込まれた投票所もあったが、有権者は軍への反対票を投じた（*A Journalist, a General and an Army in Burma*, p.47）。

▼31 *A Journalist, a General and an Army in Burma*, p.51.

▼32 *Making Enemies*, pp.189-190. 首相のヌは、自伝によれば、1962年3月2日午前2時ごろに軍が来て逮捕されたが、これは若手将校の反乱で、ネウィン将軍が助け出してくれるはずだと思っていたという（U Nu, *U Nu Saturday's Son*, tr. U Law Yone, ed. U Kyaw Win, Yale University Press, 1975, p.343）。

▼33 *Living Silence in Burma*, p.42.

▼34 『戦史叢書シッタン・明号作戦』454、423、483ページ。

▼35 『ビルマ国軍史（その2）』354ページ。

▼36 "A Conversation with U Tin U," in Aung San Suu Kyi, *The Voice of Hope, Conversations with Alan Clements*, Penguin Books, 1997, Introduction, pp.210-212.

同書でティンウーも、かつては「従った」と語っている。

「軍の指揮官として私は、人々への発砲を、人々を銃撃で倒すことを強いられた。それが方針であり、私はそれに機械的に従っていた」(p.226)

（大石幹夫訳『希望の声　アラン・クレメンツとの対話』岩波書店、2000年）

▼37 Michael Aris, Introduction in *Freedom from Fear*.

▼38 京都大学東南アジア研究センターニュース特別記念号「スーチーさんにノーベル平和賞」1991年11月29日。

▼39 Michael Aris, Introduction in *Freedom from Fear*.

▼40 Wai Moe, "NLD 'Guardian' U Lwin Dies Aged 88," *Irrawaddy*, December 7, 2011.『ビルマからの手紙』95—96ページ。

▼41 Bertil Lintner, *Aung San Suu Kyi and Burma's Struggle for Democracy*, Silkworm Books, 2007, p.90. Aung Zaw, *The Face of Resistance, Aung San Suu Kyi and Burma's Fight for Freedom*, Mekong Press, 2013, p.55.

▼42 Address delivered by Commander-in-Chief of Defense Services Senior General Than Shwe on the Golden Jubilee Armed Forces Day (Resistance Day), 27 March 1995.

▼43 *The Voice of Hope*, p.121.

終わりに

▼1 ヨッヘン・フォン・ラング編、小俣和一郎訳『アイヒマン調書　イスラエル警察尋問録音記録』岩波書店、２００９年、２５５ページ。

93	1	新憲法作りに向け、国民会議開会
95	7	スーチー、1回目の自宅軟禁から6年ぶりに解放
	11	国民民主連盟が国民会議をボイコット
97	4	アメリカ企業のビルマへの新規投資の禁止をアメリカ政府が発表
	7	ビルマが東南アジア諸国連合に加盟
2000	9	スーチー、2回目の自宅軟禁に
02	5	スーチー、軟禁から解放
	12	ネウィンが死去
03	5	ディペーイン事件発生。地方遊説中のスーチー一行が襲われ、多数が死傷。事件後、スーチーは3回目の自宅軟禁に
	8	諜報局長のキンニュンが首相に就任、民主化への7段階の手順を発表
04	10	キンニュン解任、自宅軟禁に
05	11	ネピドーへの首都移転開始
07	9	燃料の値上げをきっかけに始まった僧侶らの大規模デモ「サフラン革命」が弾圧される。27日、デモ取材中の長井健司が殺害される
08	5	サイクロン「ナルギス」被災後に新憲法案の国民投票実施。新憲法成立
09	8	スーチーの自宅裏のインヤー湖を泳いで来たアメリカ人を自宅に入れたとして、自宅軟禁中のスーチーに有罪判決。軟禁1年半延長
2010	11	新憲法下で初の総選挙。元将軍らの連邦団結発展党が圧勝。国民民主連盟は選挙をボイコット。選挙後、スーチーを3回目の軟禁から解放
11	3	新政府発足。連邦団結発展党からテインセイン元将軍が大統領に就任
	8	テインセインとスーチーが会談
12	4	補欠選挙実施。スーチーが下院議員に当選
	6	スーチーがノルウェーなどを訪問
	8	検閲廃止を政府が発表
	11	アメリカ大統領オバマが来訪
13	4	民間発行の日刊新聞が復活。スーチーが来日
14	5	ネピドーで東南アジア諸国連合首脳会議開催
15	8	与党の連邦団結発展党が、党首のシュエマン（下院議長）を解任
	10	カレン民族同盟、全ビルマ学生民主戦線など8組織と政府が停戦合意。カチン独立機構などは不参加
	11	新憲法下で2回目の総選挙。国民民主連盟が圧勝。議席の4分の1は軍に割り当ててあるが、それを含めても民主連盟が過半数を獲得
16	3	国民民主連盟が推すティンチョーを国会で大統領に選出。30日、新政権発足。スーチーは外務大臣などとして入閣
	4	スーチーが国家顧問に就任

年　表

年	月	出　来　事
1885	11	第3次英緬戦争、コンバウン王朝が滅亡
86	3	イギリス領インドに併合される
1941	12	アウンサンらがビルマ軍を結成。日本軍がビルマに侵攻
43	8	ビルマの「独立」が宣言される
45	3	ビルマ軍が日本軍に対して反乱を起こす
	8	日本がポツダム宣言を受諾、第2次世界大戦が終結
47	1	アウンサンがイギリスとの間で、ビルマ独立に向けたアウンサン・アトリー協定を結ぶ
	2	アウンサンが少数民族の代表とパンロン協定を結ぶ
	7	アウンサン暗殺
	9	制憲議会で憲法を承認
48	1	ビルマがイギリスから独立。初代首相はヌ
	3	ビルマ共産党が武装蜂起
49	1	カレン民族同盟が武力闘争に入る
58	4	ヌの与党、反ファシスト人民自由連盟が分裂
	10	ネウィン将軍の選挙管理内閣発足
60	2	総選挙実施、ヌが勝利。ヌが首相返り咲きへ
62	3	軍事クーデターが起きる。47年制定の憲法が無効にされる
	4	ビルマ式社会主義路線を発表
	7	ビルマ社会主義計画党設立、ネウィンが党議長に就任 ラングーン大学の抗議学生に銃撃、学生連合会館を爆破
74	1	国民投票を経て、ビルマ社会主義計画党を唯一の政党とする新憲法制定
	3	ネウィンが大統領に就任
	12	帰国した元国連事務総長ウータントの遺体を政府が冷遇したとして、学生らが抗議
76	3	国防相のティンウー解任
87	9	25チャット札をはじめ3種類の紙幣が無効に
	12	後発開発途上国と国連で認定
88	8	「8888」デモ起きる。アウンサンスーチーが初の演説
	9	軍が政権を直接掌握、国家法秩序回復評議会発足。74年制定の憲法が無効に。スーチー、ティンウーらが国民民主連盟を設立
89	7	スーチー、ティンウーが自宅軟禁に
90	5	総選挙実施。国民民主連盟が圧勝するが、政権は移譲されず
91	12	スーチー欠席のまま、オスロでスーチーへのノーベル平和賞授賞式

山本博之

1983年、朝日新聞社入社。大阪社会部、アジア総局（バンコク）、大阪企画報道室などを経て2010年退社。フリーランスに。

tonbimau@yahoo.co.jp

倒せ独裁！
アウンサンスーチー政権をつくった若者たち

2016年10月20日　初版発行

著　者　山本博之

発　行　羽田ゆみ子
発行所　梨の木舎
〒101-0061 千代田区三崎町2-2-12 エコービル1階
tel. 03 (6256) 9517　fax. 03 (6256) 9518
E-mail : info@nashinoki-sha.com
装　丁　宮部浩司
組　版　田中芳秀
印　刷　株式会社 厚徳社